鄭石岩作品集

大眾心理館

禪學與生活

7

國家圖書館出版品預行編目（CIP）資料

生活軟實力：及時為幸福扎根／鄭石岩著. -- 初版.
-- 臺北市：遠流, 2011.05
面；　公分. --（大眾心理館）（鄭石岩作品集. 禪學與生活；7）

ISBN 978-957-32-6778-2（平裝）

1. 修身 2. 生活指導 3. 禪宗

192.1　　100006314

大眾心理館
鄭石岩作品集・禪學與生活 7

生活軟實力

及時為幸福扎根

作者：鄭石岩
執行主編：林淑慎
特約編輯：趙曼如
發行人：王榮文
出版發行：遠流出版事業股份有限公司
100 台北市南昌路二段 81 號 6 樓
郵撥：0189456-1　電話：2392-6899　傳真：2392-6658
著作權顧問：蕭雄淋律師
□ 2011 年 5 月 1 日初版一刷
□ 2016 年 11 月 1 日初版二刷
售價新台幣 240 元（缺頁或破損的書，請寄回更換）

ISBN 978-957-32-6778-2

遠流博識網
http://www.ylib.com
E-mail: ylib@ylib.com

大眾心理館・鄭石岩作品集・禪學與生活 7

鄭石岩 著

生活軟實力

及時為幸福扎根

#《生活軟實力》目錄

貳 歷練

叁 行善

肆 養心

伍 靈修

推薦序1

活在當下，踏實向前

（法鼓山方丈和尚）果東法師

針對現代人種種心靈困境，當代宗教人士及心理精神科學方面的專家，均透過出版書籍為大眾提供了許多解決的觀念與方法。其中鄭石岩教授的著作，一直受到廣大讀者的歡迎，並得到很多迴響。我也經常閱讀、參酌、吸收而獲益，鄭教授真是大家的善知識。

鄭教授幼年學佛，高中時期即養成禪坐的好習慣，之後研究經教，於各地弘講，解行並重、教學相長，奠定了良好的修行及佛學素養。他初中畢業後開始半工半讀的生活，別有一番人生歷練，而母親的身教與言教，培養出他積極踏實的人生觀。之後又接受現代教育學、心理學的訓練，並累積了豐富的諮商經驗，讓他對人心的困頓有深刻的了解。因此往往能運用佛法、禪法、心法契機契理，以同理心為個案找出問題癥結，提供有效的解決辦法，並在工作之餘，講授課程，服務大眾，這正是慈悲與智慧的修持，大乘菩薩精神的實踐。

在本書中，鄭教授直示問題核心，指出社會的問題是來自人們心靈的困境，而心靈的困境源自於偏頗的價值觀。人生價值不是以打敗別人、贏過大眾來獲得，而是來自個人心靈的成長。心靈成長可從五個面向著手，即承擔、歷練、行善、養心和靈修，其中鄭教授特別強調善念、如實、行動，還有放下之後的坦然自在。

這些與我的家師聖嚴師父，所提倡的心靈環保思想內涵同源自於「佛法、禪法、心法」的精髓，而與「認識自我、肯定自我、成長自我、消融自我」的禪修四步曲有異曲同工之妙。「心靈環保」就是以觀念的導正，來提昇人的素質，除了能夠不受環境的影響而產生內心的衝擊之外，尚能以健康的心態，面對現實，處理問題。

佛教講的「覺」，是覺醒人生宇宙的真理實相：「緣起、無常、無我、空」，積極把握現在、活在當下；而鄭石岩教授也點出「清醒覺察有生命力的心，就是成功幸福人生的軟實力，也是生活贏家的寶藏」。期待諸位讀者都能從中挖到寶藏，珍惜擁有、踏實向前、隨時奉獻服務他人；實現平安、健康、快樂、幸福美滿的人生。

推薦序 2

一盞成功指引的明燈

（人間佛教讀書會執行長）
覺培法師

一本好書，可以讓讀者一生受用、感動。

一個好的觀念，可以讓煩惱人轉迷為悟、轉識成智、轉闇為明。

鄭老師以他四十年心理輔導工作的豐富經驗，完成這本由五個精彩的主題所串連的《生活軟實力》，不僅告訴讀者如何面對現實人生，心甘情願並樂於「承擔」自己的責任；在工作職場中，怎樣將知識轉化為實境的「歷練」，培養判斷與務實的行動；還提醒讀者想要創造快樂的人生，必須培養安穩寬闊的心志與高尚的品德，積極「行善」廣結善緣，使家庭婚姻美滿幸福；此外，「養心」更是不可或缺的要素，在每日的生活中，隨時讓自己保持歡喜、聰慧、安定與活潑的心；在一趟珍貴的人生旅途中，找到自己的信仰和內心淨化的「靈修」，使生命活得有意義、安心自在。

人生確實充滿著無常與變遷，但是如果能夠心懷慈悲、積極樂觀，何必擔心前途沒有方向？《佛光菜根譚》云：「學習提得起，放得下，可以擴大自己的胸襟；能夠看得遠，行得正，可以提升自己的人生。」人生在提放之間，是需要廣闊胸襟；想要自己生命有所進步，就需要行得正、看得遠。

這本好書，從自己出發，照顧了周邊的因緣，也開闊了處世的胸襟。這本好書，值得作為現代人一盞成功指引的明燈。對於忙碌的人，這本書可以找回心中的平靜，展開這本書，會讓讀者找到自己幸福的「生活軟實力」。

推薦序 3

四「生」有幸

詹志禹
（政大教育學院院長）

有一個非常聰明的高中女生，讀的是全國頂尖的學校，功課表現優秀，品德也很淳厚，但有一天，卻突然在漂亮的海邊跳海自殺了，令家人、師友和社會大眾都非常傷心、驚訝與不解。稍後有人重新翻閱她撰寫的週記，發現她早已在很多篇生活感言當中，透露高中生日復一日應付學業與考試的生活處境，不斷質疑生命的荒謬，也不斷自問：生命的意義究竟是什麼？她在學業上是贏家，在生活方面卻是輸家，令人無限惋惜。如果她偶而有機會躺在山上黑夜的草坪仰望滿天燦爛的星斗（體驗本書所說的「宇宙心」），如果周遭的人們有機會提供更多「愛與智慧的力量」，如果她有機會「散步」、

「解壓」和「轉念」，如果她有機會從更多精彩的文學得到一點「參悟」，她也許現在已成為我們社會的傑出人才。

有一個非常聰明的年輕男生，讀的是國立的頂尖大學，學的是人人想進的專業領域，愛上了一位人人羨慕的漂亮女生，但後來感情不和，女生要求分手。男生懷疑女生另結新歡，有一天在路上相逢起爭議，竟把這位前女友打得遍體鱗傷。學校經報告處理後，將這位男生記過處分。這位男生在專業知識方面是贏家，在生活方面卻是輸家，也是令人惋惜。幸運的是，他還有機會「承擔」和「歷練」，思考如何「想得對」、「做得對」，並掌握「契機應緣」，決意「來者可追」。

還有非常高收入的科技新貴，上班地點是國家特意規劃的科學園區，工作性質是技術高超的電腦工程，但他生活寂寞、愛情荒蕪，娛樂時間不知如何自處，結果不慎掉入色情陷阱，受騙上百萬元仍不自知，直到詐騙集團被警方破獲，他才恍然夢醒。他在職業方面是贏家，但在生活方面是輸家。

也有業績傲人的經理，但在一夕之間健康崩潰；紅得發紫的明星，但是染上毒品；起手回春的名醫，但是婚姻破裂；判人生死的法官，但是精神分裂。這些人都可說是事業上的贏家，但卻是生活方面的輸家。由此可見，許多人在學業、專業、職業或事業上成功，但並未獲得成功的人生，他們缺的是什麼？生活智慧！生命智慧！這恰是本書的靈魂。

目前政府及各級學校所強調的就業力或競爭力，其實多偏重生存或生計能力，較少涉及生活或生命智慧。但任何人都不會僅止於追求生存與生計，大家都希望經營一種幸福的生活，感受一種歡喜而有意義的人生，這就需要一些行善的法門、養心的策略和靈修的體驗。所以我很高興看到本書補足學校教育的不足，把生存、生計、生活和生命的智慧加以匯通，堪稱四「生」有幸。

鏡頭回到一九七九年左右，一門「教學原理」的課，一群大學一、二年級左右的學生，一個年輕的教師。學生最注意聽講的時候，是教師每堂課的「

小菜」時間；所謂「小菜」，就是充滿生活哲理的小故事與鼓勵自主學習的小策略，從打坐讀書、心理分析到禪宗公案無所不談；離題不遠，時間不長，但餘音繞樑。這位老師後來獻身輔導工作，退休後又獻身寫作，喜悅而飄逸的身影，始終融合著佛學、禪宗、心理學、教育學與豐富的實踐經驗。這群學生後來有人成為教師、成為學者、成為董事長、成為負責任的工作者或有承擔的領導者，還有一位有幸幫老師的這本書寫序，見證了一位人師長久的靈修與堅持。

自序

做一個生活贏家

人的生涯是自己心念投射出來的，心懷邪惡、錯誤或者消極的想法，痛苦和悲劇隨之而至；言行中表現真理、公義和慈悲，福樂隨之而來。萬法唯心造，人生的方向在培養正面智慧的心，去實現美好幸福的生活。誠如禪家所說：人生該努力的畢竟是自己的心。

清醒覺察有生命力的心，就是成功幸福人生的軟實力，也是生活贏家的寶藏。

我們要做個生活贏家，千萬別做個輸家。贏家不是打敗別人，贏過大眾，而是能勝任自己的人生，過得自在幸福，活得充實有意義，能施展自己的能力，做服務人群奉獻社會的事業；又懂得涵養修身，領會永生的慧命。至於輸家則是心胸狹隘，言行失準，甚至為非作歹，或沮喪無助，坐困愁城。

生命是一個艱辛的歷程，要不斷接受挑戰，解決一連串的難題，才能獲得幸福。在成功解決問題當中，不但累積了經驗，伸展了悟性，更建立了信心和勇氣，去開創新局，接受新的挑戰。個人的幸福和自在感，就是這樣延展出來的。於是想要當一個生活贏家，就要有一套好的心智軟體，建構出解決問題的方法和工具。我把這套心智能力叫做軟實力。

生活贏家必須具備這些軟實力。尤其是生活在這個開放、競爭和瞬息多變的現代社會裡，更需要這些軟實力。

這本書是我心靈晤談的心得，也是四十年心理輔導工作的見證。我記述心智開啟和解決種種生活挑戰的心路歷程，集結成五十篇短文，歸納成五個核心因素：承擔、歷練、行善、養心和靈修，方便讀者作系統思考和閱讀。其實，這五十個心智活動子題，是可以交互作用的，熟悉應用得越多，所孕育出來的智慧就越豐富，生活軟實力就越好。

這些巧妙的生活智慧，透過心理學的新知來解釋，引用禪家中的智慧作相應，並以啟發性的故事和事例作說明。這些子題多數曾在《人間福報》登載過，受到許多讀者的喜愛和迴響。相信這些寶貴的點滴，能化作你的生活軟實力，有益於你做個幸福的生活贏家。

此外，這本書的內容，很適合生命教育和品德教育的素材，相信家長和老師讀了它，對教育會有更深切的體認。我更期待，年輕的學生在讀過之後，能開展成功人生的軟實力出來。

眼前，大家都在談如何發展軟實力，大抵以經濟和科技發展為重。我相信整體政經科技文化的發展，必須以個人生活軟實力為後盾，否則不容易產生良好的成效。因此，教育上若能多重視這方面的教導，必能為國家的競爭力和發展奠定厚實的基礎。

本書完稿之際，我用「生活贏家」和「生活軟實力」徵詢命名，結果壯年以上的人大抵選擇前者，年輕人則幾乎都選後者，年輕人不約而同的說「贏家」太沉重，「軟實力」切題又活潑，於是我用了《生活軟實力》作書名，並以〈做一個生活贏家〉為序。

壹

承擔

肯承擔的態度，是成功幸福人生的軟實力。心甘情願去承擔自己的責任，面對現實，作切題的努力，就會有收穫，有成長和延伸的機會。路是人走出來的，越肯承擔，生活適應的自由度就越大；越想逃避責任，養尊處優，生命就變得放縱頹廢，導致無路可走。心甘情願的承擔，是生命的真理。

一 負責

人生是艱難的，除了你勇於承擔，願意負起責任，接受該有的挑戰，去解決問題和拓展生涯之外，沒有別的選擇。人因為怕苦又喜歡享樂，往往選擇逃避責任。結果，越是逃避，問題累積越多，困擾也隨之增加。相對的，自我功能和解決問題的能力，也漸漸萎縮低落。精神生活上的不幸或不快樂，漸漸形成。嚴重的話，會導致心理或精神症狀。

於是，你想活得幸福，就必須養成習慣，為生存和喜樂努力，不斷學習本事和調適能力，接受種種挑戰，創造新生。肯承擔負責的人，必能從生活和工作中，學習更多能力和經驗，增進信心，孕育出樂觀勤奮的工作態度。

除了願意去承擔工作、不斷學習本事之外，還有一件事非常重要，那就是喜歡自己的工作。這才能發揮創意，承受種種挫折和負起責任。名歷史學家約翰·富蘭克林（John Franklin）曾說：「我每一天都在工作，也可以說每一天都沒有在工作，因為我喜歡它。我常感恩週末的到來，因為我可以兩天安靜的工作，不受打擾。」他愛好他的工作，體驗到更多的幸福感和快樂。更因為他覺得工作有意義、有趣味，而使生活變得豐富。誠如瑞士的哲學家艾彌爾（Henri Frédéric Amiel）所說：「工作使人生有味。」

每個人都該有工作，否則就會頹廢喪志。即使是退休的人，若不安排適當的工作，不久也會意志消沉，莫名其妙的沮喪起來，甚至加速身體的老化。

一位商場老將，經過多年的努力，事業有成，三個子女也都成家立業。於是，他想到退休，好享清福，隨意想去哪裡就去哪裡。他想得很完美，可是事實並非如此。退休初期，他在家裡做點家事，上街閒逛，有時安排旅行。兩年之後，他開始情緒低落，腰痠背痛，早上起來就好像在對自己生悶氣。

他經歷到「暮年」的可怕。

他找我晤談，我鼓勵他做兩件事。

其一是恢復部分的工作，回到公司當顧問，參與部分業務。後來他告訴我說：「恢復工作不久，腰痠背痛漸漸消失，心情振作許多，睡眠也改善了。」接著，我建議他：「要重新培養喜歡現在的工作。」

其二是每天去運動，快走一小時，離開頹唐的退休生活，培養體力。這一點他也做到了，尤其是中午時間，他只吃少許食物，去快走半個小時，傍晚又快走半個小時。他告訴我：「快走之後，有著渾然忘我的安定，晚上則睡眠安穩。」

我深信人生需要一些必要的承擔，才能滿足心理的需要，並從中創造意義和價值。唐朝的百丈懷海禪師說：

一日不作，

一日不食。

百丈強調工作是生命活躍和智慧開展的關鍵。工作使人維持生計，振作身心，帶來更多福樂。

無論你做什麼工作，要在工作中發現意義和價值，用「利他和奉獻」來看它，投入心力去做，用喜樂的心情去延伸與人接觸的喜樂。能如此，工作的承擔將換來幸福的感受。

二 藍圖

曾經有一位朋友問我說：「多年來你一直從事心理諮商和心靈的研究，請告訴我什麼是人生最重要的事？」我很明快的回答：「人生需要一個有意義的目標。但這個目標必須依自己的根性因緣，去發現和訂定。有目標就有路可走，就能發展有意義的生涯。」

每個人都需要一個屬於自己的藍圖。它無法抄襲別人，亦不可能向他人模仿。這誠如《華嚴經》所說：「一切諸佛，知眾生歡樂不同，隨其所應，說法調伏，令其成就菩薩大行。」彼此雖有差別，但都有其大用和價值，所以每個人的成就各異，卻彼此平等，都成就了菩薩行。

於是，每個一人都該有自己的生涯藍圖，在生涯中實現愛（慈悲）和智慧（創意），成就光明正向的人生。有一次，哲學家何瑞斯・威廉斯（Horace Williams）上課時問大學生：「馬車的哪個部分最重要？」

學生們熱烈的討論著；有人說馬最重要，有人說輪子最重要，有人說把車和馬繫在一起的軛最重要，也有人說螺絲釘最重要等等。這些答案都被他搖頭否決了。當大家詞窮時，他肯切篤定的告訴大家：

「藍圖最重要，沒有藍圖就沒有馬車。人生也是一樣，藍圖最重要，它有永久的價值。」

每個人都不相同，生涯的藍圖當然也不一樣，但無論如何，你得在自己的「現實」之中，畫出藍圖，好好去實現屬於自己價值的目標。人的一生，是踏在完成的目標和累積的經驗上，不斷構思新藍圖，走下一步有意義的路。這就是禪家的智慧，也是覺悟人生的表現。只需你維持著為社會服務，去貢獻（布施）種種服務，去實踐慈悲喜捨，就是美好的人生，就是通往佛的精神法界之路。

這樣的生活是充實的，有成就感的，同時也是豐足幸福的。凡是努力於悲智雙運、服務社會的人，他們在事業上有成就感，心靈生活上也覺得豐足自在。《華嚴經》上說：「一切治生產業，皆與實相不相違背。」所以好好珍惜生涯，為社會奉獻己力，便是修持的重心。這就是道，就是生命的真理。

唐朝的雲門文偃大師有一次被問道：「什麼是道？」

他的回答只有一個字：「去。」

他的意思是說，自由無礙的依自己的藍圖，走出有意義的人生。

最近，又有許多人與我討論尼特族（NEET），問道：「為什麼他們總是賴在家裡，不去工作，不去接受訓練或教育，而情願躲在斗室，生活作息沒有定則，不是睡覺就是強迫性上網呢？」這個問題顯而易見，那就是「心中沒有自己的藍圖」。我知道要克服它是很費周章的，因為他們長期生活在虛擬的世界，缺乏對自己現實的整合與了解，缺乏生活責任的經驗，不知道自己能力在哪裡。他無法形成有行動力的藍圖。

我總覺得我們的教育，照顧得太多，少了豐富的現實生活體驗，又缺乏承擔生活責任的習慣。人們每天生活在聲光網路之中，以致不少年輕人的心靈世界，孕育不出有行動力的藍圖。

每個人都需要人生的藍圖，它是從踏實的生活和歷練中慢慢描繪出來的。有藍圖才有路可走。

三　行動

做人做事，乃至人生的實現，需要清楚的方向和構思，但也必須踏實去做才行。行動能深化想法，帶來創意，孕育更好的悟性。

有人請教唐朝的法眼文益禪師：「什麼是真正的道。」

他答說：「一願教你去行，二願也教你去行。」

行與思是相應的，沒有執行力，再好的計畫都不會成功。執行中缺乏觀察思考，不會有更多創意，引導持續發展。在人生的領悟上，更是如此；不願意負起責任，去實踐該有的擔當，就不會有明朗的幸福和開悟。

唐朝文豪白居易，有一次問鳥窠禪師：「什麼是佛法大意？」

禪師答道：「諸惡莫作，眾善奉行。」

白居易說：「三歲孩兒也解這麼道。」

禪師說：「三歲孩兒雖道得，八十老人行不得。」

這話誠然不錯，說的容易，行動則不容易。我們常常因為善小而不為，因為慵懶而廢弛，或者怕困難、怕麻煩，而沒有採取行動。沒有行動，往往會志氣消沉，智慧無從開展，使生命變得頹廢不振。

幾個世紀之前，航海家們把已知的地方和島嶼，繪填在地圖上，作為航海之用，卻在未知的空白處，標示著「黑風在此」，警告航海者不要冒險闖入這未知的領域。不過，碰到哥倫布和麥哲倫這樣的探險家，卻在行動中，打開發現新大陸的新頁。於是，行動不是只有踏踏實實去做而已，而要有幾分勇氣和冒險犯難的精神才行。

唐朝的玄奘大師，有鑑於當時所譯的佛經，對佛教的義理不能作完整的把握，於是決心西行取經，遂於貞觀元年，踏上西遊取經之途。

他先到敦煌一帶年餘，修行、訓練自己適應沙漠氣候。讓自己可以在沙漠中，只靠少許飲水，而能存活西行。歷經艱苦，遊學印度，於貞觀十九年返回西安。一生所譯經論凡七十五部，一千三百三十五卷。他的行動力，對漢傳佛教的發揚，功不可沒，玄奘大師的行動力，令我們敬佩。

每個人的一生，都要靠行動力來實現。然而，每個人的根性因緣不同，要完成的生命實現也就不一樣。

世上不會有第二個哥倫布，不會有第二個玄奘，也不會有第二個你自己。因此，每個人都要像《妙法蓮華經》所說，透過佛的教法，用智慧去行動，去實現其獨個兒要去完成的菩薩使命。

時下有些人，疏於發揮自己的行動力。他們不肯運動，不保持好的作息和飲食習慣，所以健康不佳。有些人躲在家裡，不肯工作，不願接受挑戰和磨練，拈輕怕重，躲躲閃閃，以致耽在家裡，把家當做寄居蟹的殼。他們在網路上消磨時間，用以麻醉自己，逃避現實，但終究躲不開空虛的痛苦，以及自我功能脆弱的恐懼和壓力。

這些人從好逸惡勞失去行動力，以致自我功能頹墮，而成為寄居蟹式的尼特族，實在令人惋惜。

生命的真理就是行動。每個人都透過行動學習和成長，經由行動領受到工作的成就感和價值，並從中開展人生的視野和智慧。

四

踏實

歲月如梭，人生從幼兒成長，從壯碩轉為衰老，乃至死亡。每個階段，該做什麼，能做什麼，都得及時把握。生命的時鐘稍縱即逝，因緣變化有如流水，無法還原或重新再來一次。錯過該做能做的事，總會留下遺憾，所以每個人都得把握現實，及時做該做的事。

人若不在年輕時，打下學識和能力的根基，培養好的學習習慣，在健康上做出努力，在做人做事上接受一些磨練，時機一過，補救困難，不免有無奈之嘆。人在年輕力壯時，精力充沛，腦力豐盈，若不及時努力，開展其事業生涯，卻在家裡當啃老族；吃父母親所給的，依賴他們的養老金生活。這些人總不免要後悔，甚至消沉憂鬱下去。

生活的真諦就是把握現實，及時做該做的事。

一對年屬半百的夫妻來晤談時說：「婚後我們都全神的投入工作，彼此說好不生小孩。直到最近，兩個人才為膝下無子女感到後悔。每次觸及這個話題，就會彼此推諉，互相指責，甚至吵了起來。」問我怎麼處理這個問題，能讓彼此的心情好些。

我答道：「把握現實，及時做該做的事。」

太太沉默了一下說：「現在已經來不及了，老蚌生不出珠了。」

先生一臉沮喪，帶著嘆息的口吻說：「她老怪我，說這樣的後果都是我造成的。」

我對他們說道：「古人說逝者已矣，來者可追。你們來不及生孩子，但卻來得及把握現實，做現在該做而且能做的事。你們不該把精神放在追悔上，放在互相責怪上，而是把握現在，好好過壯年的生活，讓生活豐富，創造更多樂趣。你們要互相包容這件未及時做的事，但卻可以及時做該做的事，以免以後追悔現在沒有及時做的事。」

這對夫妻告訴我，他們的將來養老不成問題，與親朋的來往亦算密切，工作也都順利有成就。他們唯一追悔的就是沒有子女的孤單。

於是我提醒道：「你們該及時做的事是注意生活的樂趣、健康的保養、運動的習慣、正向的態度及宗教信仰。培養雅興，找時間去旅行，為老年生活舖路做準備。許多老年醫學專家都提醒壯年人：在五十五歲就該為老年生活作準備。」

這對壯年夫妻，互相看了幾眼，露出微笑頻頻點頭說：「要及時做該做的事，而不是留白供以後追悔。」我接著建議他們：

「許多人用追悔、煩惱和不安，來替代生活的實現和喜樂，忘了及時做該做的事，以致沒有機會過充實和豐富的生活，現在，你們談到這個困擾，正好指引你們好好去生活，把握當下的機會，去活得有意義有歡喜，而且要時時靜下來，去感謝每一刻生命的當下。」

無論你是在人生的哪個階段，是青少年之前，是成年或中年，是壯年或老年，都得及時做該做的事，才會豐富和幸福，蹉跎歲月無所事事，無異讓生命荒蕪。

禪家常說「當下是道」，能把握現實的人，已是悠遊在大道之中了。

五 好習慣

養成好習慣，就等於給自己創造了新的好運道。一般所謂修行可以造命，可以消除業障，可以福慧兼得。它的根本課題就是養成好習慣。

你願意培養規律的生活作息，不但對身體健康有益，對於讀書或工作的專注，乃至精神力的提升，都有很大的幫助。同樣的道理，如果能在情緒、人際、讀書、工作和信仰上，養成好習慣，自然產生積極的作用，給自己帶來無盡的好處和順遂。佛家所謂的修行，無非在於修正錯誤的習慣，並以行動培養新的好習慣。

情緒習慣好的人，ＥＱ比別人高，待人接物和藹，思考和決策篤實可行。

這些人事業有成，家庭也比較美滿，子女的發展也順利許多。良好的情緒習慣，能為自己和家人創造幸福，在事業上更會帶來成功和豐收。

情緒會干擾思考，也能促進思考；它確有載舟覆舟的功能。情緒不穩定、脾氣激動的人，容易意氣用事，率爾就章，從而造成難題，陷自己於困境。情緒紛繁的人，則幾乎天天活在煩惱之中，抑制創意，所以無法拓展生活和工作的新機。情緒失調或不健康，通常是負面情緒習慣所造成，它的源頭往往是「悲觀的思考習慣」。

禪的修持，首重情緒穩定的培養；情緒紛擾，定與慧必然沒有著落。神經科學家詹姆斯·奧斯汀（James Austin）研究指出：邊緣系統（limbic system）是情感和情緒的運作區域，它的功能調理得好，思考和理性才會清醒的運作，悟性和寬厚的宇宙心（universal mind，參見218頁〈宇宙心〉一文）才會真正開展起來。

曾經有一位女士，在心理晤談時問道：「我命運多舛，沒有一件事順利。

我的婚姻、工作、健康和子女，各方面都有問題。我想改變命運，所以才學佛。」我耐心傾聽她敘述生活狀況，詢問她的人際互動，發現她有許多負面的情緒習慣：敵意、焦慮和不安。

我告訴她說：「學佛很好，拜佛和念佛都正確。但必須培養良好的情緒習慣；培養樂觀、同理、友愛和尊重別人。這些修持能使情緒變好，說話的火藥味少，你的心就與佛菩薩的心相應，許多福報和好運，就會降臨到身上，自然就會幸福起來。」

她接著問道：「我要怎麼做，怎麼修持呢？」

我說：「培養好習慣就叫做修行。佛陀說『以戒為師』，戒就是好習慣。所有的德行，都需要養成習慣，才顯現得出來。依心理學的研究，每一項好習慣，只要三個星期的力行，就可以養成。你要好運道，並不那麼難。」她當下決定要從婚姻開始。

三個星期之後，她說：「我努力克制對先生的批評，容忍他的缺點，如生活邋遢、不愛乾淨等。我努力發掘他的優點，例如他生活儉樸、會修電器、對子女有耐心等等，並表示讚美。起先有些勉強，幾天以後就自然些了。第二週以後，偶爾我們會暢談工作或心事。第三週先生被我感動了。他說：『謝謝你的幫助，我會努力做個好丈夫。』於是，我說出有關養成好習慣的修持。先生聽了後說：『我也要試試培養好習慣的修持。』」

好習慣越多，命運就越好，福報也越多。只要你持之以恆，三週就革除一項惡習，建立新的習慣，如是下去，可以培養更多新好習慣，重新塑造自己的好運道。

六 堅毅

堅毅就是生命力，堅毅的人有活力，他們懂得認清自己，面對真實，堅持不懈地完成既定的目標。

堅毅的人神采奕奕，情緒穩定，吃苦耐勞，更重要的是他們有了豐收，感受到信心和價值。

多數情緒低落的人，都因為目標不明確或不切實際，以致不能挑起這股生命力，而變得頹廢、沮喪和自暴自棄。他們放棄了努力，卻夢想著有別人的機會；處處要跟別人比，卻總是自恨福薄，接著又是一陣哀聲嘆氣，這是情緒低落或失常者的共同現象。

人只要有個切合實際的目標，能感受到切身的意義，再加上努力，就可以真正振作起來。積小勝為大勝，由信心的累積，而形成更大的氣勢。因此，想要在事業上有所成就，在生命中表現卓越，保持身心健康，得到豐足和快樂，就要從堅毅開始。

一個春天的上午，和煦的陽光照遍大地，我被美麗的景緻感動了，不由得放下寫作，背上輕便的背包，往附近的郊山走去。

接近中午時分，來到山坡林蔭小徑上，看到一位登山客趴跪在地上觀賞些什麼。我好奇地走了過去，他招呼我一起欣賞，定睛一看，原來是一隻不起眼的野蜂在掙扎起飛。我跟著趴下來，摘下眼鏡看個清楚。這時牠飛起來了，飛向森林的深處。

這位登山客說：「半個鐘頭前，我坐下來打開野餐盒，正想享受點心。這隻野蜂就飛過來盤旋不去。一氣之下，我摘下帽子揮掃過去，就把牠打落在地上，一動也不動，我以為牠死了。

「沒幾分鐘，我看到牠在踽踽爬行，然後用牠的腳和嘴梳理翅膀。我趴下來觀察，卻被牠的生命力和毅力所感動。

「我發現牠的翅膀有些打折，正用牠的口和腳梳理修整。牠飛起來幾次，但又跌落下去。我看著牠有耐心地修補，毅力十足的重新練習飛行。

「看了半個多小時，就在你加入的這一剎那，牠成功的飛起來。就野蜂的生命歷程而言，這半個多小時是夠長的。牠忍痛、耐心的修補，終於成功的飛起，相信已找到回家的路。

「我當時氣憤的一掃，牠卻要付出很大的代價，用最大的毅力，才能克服困境，維持能飛的生命。這件事剎時給了我許多感觸。不只這隻野蜂堅毅的生命感動我，更重的是領會到慈悲對待其他生命的感觸……。」

他說到這裡時，眼眶泛著感動和省思的淚水，我也有了深度的領會。

堅苦卓絕的人，都能勇敢地面對現實。他們都像這隻野蜂一樣，懂得面對現實，而不是呆坐著自怨自艾，任由困難擺佈。多年來的實務觀察，我發現一個人只要肯振作，都能在困境中，表現出獨特的卓越，都能領受到生命力的光彩和絢爛。

生命力就是支持我們活得卓越和有特色的力量。我們只要好好應用它，每個人都能在自己的現實中，變得堅毅、卓越和有希望。

七 正向

人的性格特質，有正向和負向之分。正向性格的人，有好的品德和能力，肯負責承擔，願意做利他的善事。由於他們肯發揮自己的能力去服務社會，貢獻所長，或做有益世道人心的事，所以有著豐足感，表現出樂觀和喜樂的情緒。反之，負向性格的人，品德差又少行善，創造力受到壓抑。他們表現出較多的自私、敵意和嫉妒。於是心地偏狹，生活變得不快樂或缺乏積極態度。

每一個人都應該發展正向的性格，誠如心理學家馬汀・塞利格曼（Martin Seligman）所說：「它來自長處和美德，而且是自己努力去開展出來的，是真正值得的快樂感覺。」依我多年的實務觀察和經驗：正向性格的人不只快樂知足，對社會貢獻大，他們也較健康長壽，並有著幸福之感。

誠如《華嚴經・光明覺品》中所說，光明（正向性格）的菩薩，一方面要發展菩提，產生創意和覺照的智慧；另一方面，要去實踐德行，開展豐富的人生。大菩薩必須是在人世間利樂有情、化度眾生的。只有這樣的行持，才能與覺悟相應，成就法喜充滿的人生，並參贊契入光明的華藏精神世界。

我們來人間走一趟，很像一趟旅行，無論旅途如何勞頓，都應該以正向的態度去面對它。這樣才有豐收，才有愉悅歡欣的人生之旅。人生也很像一齣戲，無論你演的是苦旦或員外，是悲劇英雄或國王。問題關鍵不在於你演什麼角色，而是要努力正向的去演出，演出好的「水準」。這就要透過品德和長處，來發展生命意義，並實現自己的菩提自性。

在經典中，佛陀所綻放出來的「光明覺性」，可以說是圓滿的正向性格。我們要行菩薩道，要離苦得樂，就必須在生活和工作之中，實踐光明性，去做一位能慈悲愛人、有勇氣、有正義感和有教養的人。德行是無法明列的，而是要用智慧和慈悲，隨機應變，去實踐大乘菩薩精神才對。佛家把這個實現的過程，稱做甚深微妙法。簡單的說，就是用智慧和勇氣，去多做善事，而且要做得對，做得善巧，做得無所住。

最近因為時節因緣，看到中央研究院高錕院士得諾貝爾獎，看到大企業家後代爭產新聞。我想起諾貝爾（Alfred Nobel）的故事。他在十九世紀末因發明「黃色炸藥」而名利雙收。

他是一位發明家，擁有三百五十多項專利。他終身未婚，死後遺贈給親屬者很少。他的龐大資產，遺囑指定投資事業，每年將利潤用作獎金，贈給「對人類有最大貢獻」的人。這就是諾貝爾獎的來源，也是他的大願。

然而，諾貝爾家族曾爭取管理這些錢的權力，當時被指定辦理獎金事宜的機構，也未積極此項工作。幸好是由瑞典檢察長出面主持正義，才成立諾貝爾基金會負責管理，並於一九〇一年正式宣告成立，這代表著正向性格的力量。諾貝爾獎成立至今，影響殊大，獎勵各方面有卓越成就的人，並成為崇高的榮譽指標。這件每年舉辦的盛事，能維持至今，也是由許多後繼者，奉獻正向性格特質延續下來的。

這個世界能有光明，是由於正向性格特質，亦即善美的品德。於是，每個人，都該培養自己的正向性格，互相支持鼓勵，成就共同的光明和幸福。儘管每個人的職業和能力不同，都可以用正向性格，去實現光明的德行，過有意義的人生，成就菩薩德行，參贊契入光明的華藏精神世界。

八

精進

人的身心是一體的，你怎麼想，身體就怎麼反應；你怎麼做，就怎麼去感受。

因此，精進的人身體健康，工作效率好；勤奮上進的人，總會有優越的表現。於是，大家都在提倡精進，但卻有人把它錯解為追求十全十美。

心理學家大衛・伯恩（David Burns）研究發現，一般勤奮工作的人，有百分之四十，是屬於追求完美的人。

追求完美的人所承受的壓力，要比別人大，而其成就卻沒有表現得更好。因為追求完美的人，生活常因焦慮和沮喪而產生挫折感，從而降低了創造力和工作效率。

強逼自己追求完美的人，很容易自責或沮喪。他們不是爭取卓越的表現，而是強迫自己做到十全十美，以致其注意力，聚焦在缺失和失誤上，從而失去工作和生活的正面價值。

另一方面，他們認為不完美就等於全盤失敗，因而無法體驗到工作上的成就感，以及生活的喜樂。

人若用十全十美來期許自己，就等於強迫自己達成不可能的目標。結果，會變得非常怕失敗，既得不到成就感，又帶來沮喪和無助的情緒。追求完美的人，罹患憂鬱症和焦慮症的機率較高，其道理是很容易了解的。因為他無法感受到成就，覺得沒有價值，更不能從錯誤中汲取正面的教訓。因而產生沮喪和焦慮的反應。

苛求完美的人，不但有很強的罪惡感，而且會譴責自己，帶來更多不安和煩惱。這不但有礙自己的身心健康，更會產生情緒困擾，甚至影響人際正常互動。

唐朝的藥山惟儼禪師有一次指著眼前兩棵樹，問弟子道吾和雲巖說：

「這兩棵樹是榮的對，還是枯的對？」

道吾答說：「榮的對。」

藥山便說：「灼然一切處，光明燦爛去！」

雲巖答說：「枯的對。」

藥山回應道：「灼然一切處，放教枯澹去！」

這時正好高沙彌來訪，藥山以同樣問題問他。

高沙彌答：「榮者從他榮，枯者從他枯。」

於是藥山總結道：「不是！不是！」

其實藥山惟儼對他們三人的回答，都是肯定的，但是並不拘泥於這三個答案，所以說「不是！不是！」

這個公案很明顯的，就是要我們接納真實，不要被得失是非所困，只有這樣才能維持心的清醒、精進和歡喜的心力。

做人做事要追求正確，精進努力，爭取好收穫、好成果是正確的。不過，我們也要了解精進努力之後，仍不免有缺陷，只要懂得檢討改進即可，實不宜掉入懊悔失望之中。

凡事求完美而陷入自責沮喪的人，很容易陷入悲痛而振作不起來。因此，我們必須提醒自己：精進努力，做好該做的事，但不執著在追求完美的牛角尖裡，這才是真精進。

九 不拖延

日常生活與工作中，許多人有拖延的習慣。這個看似不起眼的惡習，卻會誤事、降低工作績效，影響人際互動，還會延宕就醫、危及健康。當然也有人因為延拖的習慣，導致丟了工作。

拖延幾乎是煩惱的幫凶。心理陷入嚴重困擾的人，往往是延宕該做的事，漸漸累積成心理負擔，構成難題，而身陷苦惱或負面心理症狀。

人總會有拖延的毛病，常常想著「明天再說」、「這不打緊」、「懶得理它」、「我怕麻煩」等藉口，而把小事拖延成大事，把活結打成了死結，把大好的前途遷延成頹廢的人生。

我常碰到把小病拖延成大病的人。他們可以把初期的腫瘤，拖了三年變成危及生命的末期重病，最後是家族的人強押著才就醫，險些性命不保。有些人則會延宕決定，遇事不能明快果斷。對於怎麼做、需要請哪些人幫忙，乃至如何進行，老是猶豫不決。於是延宕成焦急，或者帶來沮喪和無奈等等。

完成世界第一例心臟移植手術的克利斯汀・巴那德醫生（Christiaan Barnard）曾分享自己的故事：

在我的行醫生涯中，不知見過多少人一拖再拖，直到面臨危險時才做健康檢查。我一直認爲自己百病不侵，直到有了病痛，才開始認輸。可是，我的行程除了日常工作外，還寫滿了會議、演講和許多的約會。我想著「我這就要去看病了」，但又想著「現在不行，現在沒有時間」。就這樣拖下去，直到緊急問題來臨，劇痛令我不得不就醫。好在這只動了一次普通的手術，就卸下心頭的大患。雖然我深知拖延無益，過去自己也這樣責備病人。但是直到親身驗體，才真正明白過來。

家庭倫理的事，要及時去做，不可以拖延。父母親是「生命所從出」，不及時照顧孝養，事後往往成為悔恨的心理壓力。子女的教養，更不能拖延，延宕了生活教育，以及待人接物的陶冶，到了青少年期，生活沒有章法，做人處事不得要領，要矯正補救就要大費周章。

我常碰到許多父母，照顧孩子無微不至：給他們好的物質生活，安排學校教育，外加才藝補習、遊戲、旅行等等，獨獨在擔當與責任上拖延了教導。從小沒有帶著孩子做家事，一切都是大人安排好的，他們大腦裡的工作記憶（working memory）沒有得到應有的發展，長大成人在做人做事的章法和善巧不足，以致適應困難。

現代人忙著工作，許多人在結婚之後，全力拚搏事業工作，沒有及時在婚姻的園地上耕耘，創造溫馨和喜樂，他們想要去郊遊或看一場表演，卻告訴自己「以後再說」；想要有個休假，卻因為「工作忙碌」而擱置；想要生孩子，卻因「等準備好了再說」而延宕。

拖延使該做的沒有做，生命的美好也就大打折扣了。一位喪失愛妻的中年人，在晤談中泣涕不已地說：「我把美好的部分拖延了，結果她只陪伴我辛苦，卻沒有享有生活的美好。」

人要想得對，做得對，同時也要做得及時。只有不拖延的人，才能把握機會，做該做的事。他們才是生活的高手，實現美好人生的達人。

十 及時做

要想人生過得幸福，覺得充實、順遂，最重要的關鍵就是：及時做該做的事，而且要做得對。但這並不意味著及時行樂或享樂，而是及時做必須做的事。這些事一旦錯過，就會悔恨，或者帶來無奈或困難。事後想回補它，就得費九牛二虎之力，甚至無法挽回。

有一次我南下高雄佛光山佛學院講課，在高鐵上碰到幾位親切的讀者。他們都說喜愛閱讀我的書，都稱讚書中正向的觀念，為他們帶來全新的生活視野。在飛馳南下的高鐵上，因為座位舒適，大家很自然地交談分享經驗。一位讀者問道：「老師！在你的專業經驗中，能否給我們一句話，值得長久珍惜。」我想了想，告訴他：「人生就是要及時做該做的事。」大家都說：「這是實在的話」，是「寶貴的座右銘」，是「與我心有戚戚焉」的話。

於是幾個人聚焦在這話題上，我鼓勵他們各自說一個故事，來表達對這句話的感受。甲說：「我妹妹在三年前，檢查到乳房長了可疑的瘤，醫師告訴她要追蹤治療。但她諱疾忌醫，不肯面對醫療。這一拖就是三年，腫瘤已嚴重蔓延，甚至破皮疼痛，才被家人強迫就醫，但有悔之已晚的慨嘆！」大家聽他這麼一講，都同理的說：「啊！治病真的要及時才行。」

乙接著說：「我的堂弟，打從結婚開始，就決定暫緩生孩子，全力拚他們的事業，如今他們倆事業有成，一切都順遂。最近想到要生孩子，但年齡已到四十開外，他們想要懷孕生子，卻面臨許多困難和危險。」甲聽完了接著說：「生孩子要及時啊！老蚌怎麼生珠呢？」另一位則說：「錯過時機，悔不當初。」

丙接著說了一個自己的體驗：「沒錯！人生要及時做該做的事。我適齡結婚，先後生了兩個孩子。我忙著打拚事業和進修，沒有及時花時間和心力在孩子身上。他們大部分課後的時間，都在保姆家和安親班度過。雖然我很愛他們，但真的太忙了，所以我用金錢、玩具和縱容來彌補。現在他們都長大了，但都不學好，游手好閒，不肯工作。看著他們鬼混不學好，我就傷心。我們彼此之間非常緊張，稍稍說了他們，就會大發雷霆，現在我只好忍受這兩個孩子的墮落，連說都不敢說。」說到這裡，他泣不成聲，同行的友人，同情的撫慰著他。

最後，輪到一位女士說話：「我的父親早逝，母親辛苦地把我帶大，她做工幹活供我念大學、讀研究所，撫養提攜我。我終於完成學業，有了不錯的職業。我暗自允諾，要好好孝養她。例如她很想到國外旅行，但因為我工作忙，遲遲沒有實現。沒想到半年前，她突然心臟病猝逝。我為此很自責，真有『子欲養而親不待』的追悔。」

高鐵列車風馳電掣，窗外的風景迅速飛逝，我們這不期而遇的交談，卻成了一堂追悔者的「小團體輔導」。他們互相傾訴，彼此支持和安慰。最後，一起把眼光投向了我，似乎要聽聽我的回應。我說：

「人生有如流水，『逝者如斯，來者可追』。大家不要因為追悔過去，而忘了每天及時該做的事。你們今天要去哪裡呢？」他們一起道：「我們要上佛光山朝山禮佛。」我說：「那就好好把握它。」

最後我總結說，禪家所謂「當下見道」亦即是珍惜當下，清醒的做該做的事，同時也要及時欣賞生活中的法喜和意義。

貳

歷練

學習和磨練，是工作和職場揮灑得開的軟實力。歷練能累積經驗，啟發智慧，培養判斷和務實的行動。歷練也陶冶人際交往，締造社會支持系統。大家都很重視知識，特別重視新知的吸收，這是正確的事，不過如果不把得來的新知或創意，放在實境中作一番歷練，畢竟不能成為實力。

一 學會它

生活是很現實的，你必須接受許多挑戰，不斷解決所遭遇的困難。人生的每一個問題，都必須由自己來解，你在職場或生活上的種種，都得自己去承擔。即使是需要別人的幫助或支持，也必得由自己去尋求和安排。願意為自己的學習、成長、健康和事業等付出心力，就叫做負責。每個人都要為自己負責；在承擔責任中生活才有保障，人生才有幸福。

誠如心理學家奧圖・朗克（Otto Rank）所說：我們要藉著創造的意志，去創造自己。

近來，我發現空虛頹廢的年輕人，有增加的趨勢。也許他們從小被照顧過度，沒有機會磨練責任感和面對現實的習慣。當一個人養成好逸惡勞的習性時，創造的意志就會被頹廢所取代，並為任何事情找藉口，以致一事無成，而變得更為消沉頹喪。

你想活得起勁，創造一點成就，就得腳踏實地去做，並為自己負起責任。這是我多年來從事心理諮商研究的心得。

誠如禪宗的一則公案：

有一天佛陀和弟子們一起行腳，在旅途之中，他們談到承擔和行動的修持課題。佛陀隨緣指著一處土地說：

「這裡適合建一座佛寺！」

隨行弟子中有一位帝釋天眾，就拿了一株草插在那塊地上，並說：

「佛寺已經蓋好了！」

佛陀聽見了，臉上露出會心的微笑。很明顯的，帝釋天是及時行動者，是願意承擔的創造者。別小看從種一棵樹開始，龐大的事物都是一點一滴慢慢締造起來的。

人必須負起責任，及時行動，隨緣學習，才能面對無常變化的人生，才有能力解決問題，創造豐足的生活。我想到年輕時讀過電話發明人亞力山大•貝爾（Alexander G. Bell）的故事。

貝爾在二十四歲時，因家學淵源的影響，從擔任聾啞教師，進而從事聾啞語言的研究。多年經驗，他發現語音可以透過電流而傳輸。

這可以說是一個大發現，於是在他二十八歲那一年，去華盛頓特區拜訪了當時頂頂有名的物理學家約瑟夫•亨利（Joseph Henry），想從他那兒獲得一些證實，因為貝爾畢竟不是學物理或電機的。

交談中亨利肯定他的發現，於是貝爾問道：「我是把想法公諸於世，讓別人去做呢？還是自己來做？」

亨利斬釘截鐵地說：「你有了發明的點子，就得動手去做！」

貝爾告訴他說：「有許多電機上的問題必須克服，但我缺乏這些知識。」

亨利這位偉大的科學家卻說：

「學會它！」（GET IT!）

就因為 GET IT 這兩個字，貝爾努力克服許多困難，發明了電話，創造出科技發展史上的奇葩！

我們不一定是科學家，但要活得成功幸福，又何嘗不是從動手做和學會它中去實現呢？

二　契機應緣

人因為智慧的活動，產生動機、行動和創意，去面對現實，從而有成就和滿足感。這就是契機應緣，也是生命的實現。

生活是當下現成的，工作和生涯的發展也一樣。都要從眼前的際遇和現實中，看出希望，找出信心和行動力，並從中領悟豐富的意義、價值和法喜。於是，人的一生不是在等好機會施展抱負，而是及時面對現實，以慧眼看出新機，踏實善巧地實踐，展現事理中的光明性。

就生活而言，沒有一個際遇不含光明性，也沒有一個人注定要不幸落魄。每個人所面對的現實，都充滿啟發和新機，即使是一個挫敗或嚴重的創痛，都潛藏著希望和光明，都有「山窮水盡疑無路，柳暗花明又一村」的玄機。

在我的人生經歷中，因為貧窮而學會經商；因為脊椎重創而興起寫作的動機。我屢試不爽，在困苦中，總能磨練出實力和眼光；在煩惱之中，總有啟發而豁然開朗；艱難的境遇，往往帶來鍛鍊和豐收。我深信每個人都能在自己的現實中，發揮般若智，拓展新生和成就。我把這個原理，用在心理晤談和輔導上，指引許多人重獲信心，在創痛中轉識成智，重開新機。

我相信佛陀指出的真理：「每個人的心中，具足般若智慧。」要用信心去迎接現實的挑戰，心情自然安定沉著，般若智慧必然發揮作用，產生好眼光和行動力，去實現成功的人生。誠如慧能大師在《六祖壇經》中所說的：

一切處所，
一切時中，
念念不愚，

常行智慧，
即是般若行。

發生在個人身上的每一件事，都含藏著啟示；所遭遇的情境，都具有光明面。我們若有了正確的知見，智慧的火花就會展現。它會點燃心燈，照亮生活的前景。現在為了加深印象，我來說個故事，供你平常參契：

義大利文藝復興時期，最著名的雕刻家、畫家、建築家和詩人，應該就是大家耳熟能詳的米開朗基羅（Michelangelo Buonarroti）。有一次，他用車子拖著一塊有瑕疵的大雲石，來到建築工地。大家好奇地圍觀，七嘴八舌議論著。

眾人問道：「米開朗基羅！這塊石頭有啥用？」

這位偉大的雕刻家以堅定沉穩的口吻說：「各位！這塊石頭裡，有個天使要出來跟大家見面。」

這塊有瑕疵的石頭，在他獨到的眼光和巧手之下，終於雕出了栩栩如生的天使，展現在大家面前。

每件事都有活潑的天使要出來，正是每個人都具足如來法性，都能成就光明的人生。誠如《大般若經‧第十會般若理趣分》所言：「一切有情眾生都具如來藏，都具金剛藏光明本性。」只要發揮你的慧性，都能看出自己的光明和希望，實現成功亮麗的人生。

三 行好運

好運往往是正向的想法，加上適當的努力，所產生的結果。想法消極，固步自封，即使前路上有好的機會等著你，也是枉然錯失。

心理學家保羅・皮爾索（Paul Pearsall）發現當事人的參與性、當事人的想法和態度，往往會誘導事態的變化和走向。

佛學上唯識家們早就注意到「萬法唯識」。人一旦相信自己倒楣，找到許多理由，暗地裡懷著擔憂和懼怕，於是找些藉口，歸咎歹命，推諉時不我與。這類消極念頭，不但貶抑自己的信心，同時參與誘導問題的擴大，導致災難的蔓延，任由倒楣踐踏，陷入無計可施的窘境。

反之，如果人的想法正向，承認生活和工作必然要面對困難，願意付出心力，設法解決問題。懷抱著希望，仰望著目標，從而變得振作、有信心，並產生通權達變的心智。這不但有了勝任愉快的勇氣，他的心力也在引導事態，朝著順利的方向發展。無論在事業或健康的發展上，都是如此。

在心理晤談中，我屢屢發現「當事人的參與性」，其微妙之處，正是決定個人轉敗為勝、由逆到順的關鍵。當事人能看清現實，保持務實和正向的態度，確實有助於自我功能的發展，同時也扭轉了他的命運。

人的最大敵人不是厄運，也不是宿命，而是自己的想法和態度。一般人所說的業力或怨親債主，都是「識」的表現。一個人有了正確的態度、知見、思考和行動，就能發展出光明的覺性，帶來好的命運。

於是，樂於面對現實、肯負責擔當、凡事採取正向行動的人，就能扭轉厄運，獲得成功、幸福和喜樂。我常指導當事人停止懊惱和沮喪，幹些積極的事，使心境好轉，並看出好的兆頭。人在經歷倒楣際遇時，要設法看出挫敗事件的啟發。看得越客觀、正向，越貼近事實，就越能有效回應，或採取補救措施。

佛陀指出：生命要面對許多挑戰，是痛苦的，同時也是神聖的。面對痛苦就要精進和覺察，面對真實解決問題，或者正確地省視自己的錯誤，加以改進提升。

如果不從覺察和省悟入手，就會累積困難，淤塞障礙的煩惱，這就叫做「集」，堆積如山的煩惱和困難，會使人沮喪和無助，從而陷入更多的痛苦之中。為了除滅這些苦，讓自己活得幸福自在，就得依循正確的方法、思考和態度，這就是「道」。

所謂的四聖諦，指的就是苦、集、滅、道四個要素。然而，關鍵方法就是八正道，它包括了正見、正思、正語、正業、正命、正進、正念、正定。整體的意義是：透過正確的知見和思考、清楚的認知和行動、正常的工作和勤奮，以及正向的態度和安定的心，就能實現豐富美好的人生。佛陀所說的八正道，正是締造好運和創造幸福的良方。八正道很能發揮「觀察者的參與性」，使其前景順利光明。

運用這技巧，可以創造好運和新機。從近處著眼，做點小的增上緣，培養少許優點，慢慢就能做更多有用的事，幸運的氣數自然開啟。好命是努力得來的，不是等著從天上掉下來的。

四 現實感

禪的教導之中，常常提到「當下」二字。所謂當下，就是人們面對此時此刻的際遇，接受現實，了解現況，用清醒的智慧做出正確的回應。人總要面對自己的現實，才會活得好過得開心；逃避現實或扭曲現實的人，無異是自取潰敗。

於是，禪者直截了當的指出，「當下見道」、「當下即是」。我在助人的經驗中，也經常領會到這個真理：人可以選擇自己的想法和方向，但沒有辦法選擇遭遇。那些不肯面對現實，接受挑戰，而奢望問題自動離開，或妄想一個如意人生的人，通常都會沮喪、無助和悲觀。他們將失去鬥志，折損意志力，而成為挫敗者。

人必須保持主動性，願意接受現實的挑戰。不過，他必須先同化現實，接受它，理解它，做出合宜的回應。這個心理動力就叫主動性，它也是生命存活、表現得光彩的根源。

外科醫生理查·希蕊（Richard Selzer）有一次來到剛動過臉部手術婦人的病房。她嘴巴的部分神經，因病變割除了，嘴部的肌肉呈現歪扭。

醫生爲她解釋，這是迫不得已的事。婦人問：

「我的嘴巴會永遠歪扭嗎？」

醫生肯定地告訴她說：

「沒錯，永遠如此，因爲部分神經切除了。」

這時她的先生站在病床旁，微笑著說：

「我喜歡妳現在這個樣子。」

她先生不介意醫生在場，俯身歪扭著自己的嘴唇，去親吻妻子的嘴，兩人吻得溫馨又親密。

接納現實，同化不如意的際遇或遺憾，是超越煩惱和痛苦的良方，也是一個人領悟到光明面的開始。在我的輔導工作經驗中，經常使用接受現實、「當下得度」的技巧。

生活是要自己去負責的。你願意面對現實，承擔責任，就產生主動性，就孕育出強壯的精神力。反之，就會怨懟沮喪，自憐自怨，而悲從中來。但無論如何，這個主動的選擇，畢竟是要靠自己才行。

依賴性可能是失去主動和活力的元凶。人千萬不可以養成依賴，而變得被動無助。禪家所謂作得了主，正是面對當下、接受現實挑戰的關鍵。

唐朝的德山宣鑒有一次陪伴師父龍潭崇信直到深夜。師父說：「夜深了，該回寮房休息了！」

德山道過晚安，才跨出門卻又折回來。他說：「外面太黑了！」於是龍潭爲他點了蠟燭。就當德山伸手過去接時，龍潭突然把蠟燭吹熄。就在這剎那間，德山大悟而向龍潭禮拜。龍潭問他：「你領悟到什麼？」

德山說：「從今以後，我對天下老和尚的話，不再有懷疑了！」

這則公案指出：不依賴是培養主動的心，去面對現實，接受挑戰，過精進生活的不二法門。前述那位先生，正因為不依賴大人原有的美貌，才能面對現實，產生真愛。

五 轉念

人生不怕錯，只怕不改，不怕一時失察，只怕執迷不悟。

在日常生活中，無論是工作、學習或者待人接物，都有個觀念做前導。你怎麼想，就怎麼做，接著就怎麼感受。你的想法正是大腦前額葉（prefrontal lobe），依所蒐集的資料，做成推理研判而來。然而，由於你的資料可能錯誤或不完整，負面情緒可能干擾了你的思考和決策，因此形成了偏差的看法或抉擇。

因此，及時轉念，改正錯誤，是心智運作歷程中，很重要的一環。

瑞士心理學家榮格（Carl Jung）曾說過他自己的經驗：他在小學的時候，

有一天放學途中，跟同學追逐嬉戲，玩得激烈瘋狂。一個不小心，從土堤上跌落，頭部直接撞到堤基，暈了過去，不省人事。他醒過來時，已經是夜裡時分，躺在自己的床鋪上。

次日早晨，他醒了過來，頭還有些疼痛。他盤想著要不要去上學，又思及當天要考試，前一晚沒有複習，於是藉故在家休息一天。第三天又想到功課沒有做，仍以頭痛當藉口，請假在家。從此，每天早晨上學時間，就頭痛頭暈起來，無法上學。就這樣輟學在家，成為因病臥床的孩子。

日子一天天的過去，父親為他的病更著急。有一天，他躺在病榻上，聽著父親和朋友閒聊。話題聊到孩子的傷病上，父親嘆了一口氣說：「我畢生的積蓄，都因孩子的病而花光了！往後日子真不曉得怎麼過。」

榮格躺在床上，豎起耳朵聽著父親的擔憂和感嘆。心中自言自語的說：「天啊！我已經把父親逼到走投無路了！我不能再拖下去！明天一定要去上學才行。」次日他堅持上學，但半途就倒了下來，被扶了回家。過了一天，他仍堅持上學，勉強支持了一天。從此以後，漸漸適應，也恢復了健康。

榮格是一位醫生，他專攻精神醫學，是世界級的心理學大師。他回顧自己的經驗時說：「當時，我已經有一點了解什麼叫精神疾病了。」

人如果找藉口，從而逃避現實的挑戰，或者規避應負的責任，就可能產生消極的意識，或從而生病。

唐朝的香嚴智閑禪師，認為及時轉念，不讓消極或錯誤的想法繼續為害，就等於枯木逢春一樣。

有一次，弟子問他：「如何是生活之道？」

他說：「枯木裡龍吟。」

只要你肯及時轉念，改過遷善，就像是枯萎的樹木裡，起了龍吟一般，忽然現出光明智慧和生命的活力。

知錯就要轉念改過，而且轉念要及時才行。

六 做得對

人想要活得好，凡事如意，就得想得對，做得正確。想得對的人，有一種正向的性格特質，他們樂觀、自信且情緒穩定。這些性格特質，來自他們的能力、長處、歷練和美德。他們有行動力，勇於嘗試，同時有樂於助人的熱情。

正向性格的人，不但心情好，他們的行動力和毅力亦強，能帶給自己好的感覺和滿足。於是在生活中，創造了愉悅、覺得自己生活美好的感受。

心理學家塞利格曼研究指出：在一般生活狀況相近、社經地位相仿的一群人中，經過回溯追蹤，那些正向性格、笑得開心爽朗的人，壽命較長。他們活到八十五歲以上者，達百分之九十。相對的，負向性格的人，則有較多的悲觀、嫉妒和沮喪。這些人笑不出來，即使強顏歡笑，也不開朗歡愉。這些人中只有百分之三十四，活過八十五歲。（請參見《真實的快樂》〔*Authentic Happiness*〕，遠流出版）

我觀察早晨在公園裡運動者的行為特質。發現女性較多說笑，他們邊運動邊快樂的談天。男性較嚴肅，少有歡笑的談話。他們把運動當工作，於是運動變成一種負擔，顯得不夠開懷。

再觀察登山者的表現，女性較多互相打招呼，男性比較冷淡。很明顯的，人際溫暖和友愛的互動，男性比女性少了許多。我已了然於心，統計上男性壽命比女性少了五年左右，是可以理解的。

你想活得好，就要擁有多一點正向的生活態度，保持樂觀的思考模式，培養愉悅的情緒，並在自己的才能和品德上，多做些歷練和陶冶，這樣才能活得好。

我們要活得好，日子過得愉快，也要看得透。看不透的人，凡事不放心，執著在煩惱裡走不出來。這不但障礙精神生活的成長，而且妨礙生命究竟意義的領悟。禪家清楚地道出：

萬古長空，
一朝風月。

我們要重視「一朝風月」的生命，也要領悟「萬古長空」的真諦。無論人生多麼幸福，事業多麼發達，人生終究有如一趟旅行，總要放下它，回歸純淨的「老家」。

因此，人除了要活得好之外，還要參透生命的究竟義。能參透這個課題，人生的理路明白，生命才真正運於掌上。誠如南宋的善能禪師所說：

不可以一朝風月，昧卻萬古長空；
不可以萬古長空，不明一朝風月。

這也就是說，你必須把握當前，生活過得好，卻也要看出生命的究竟義，這才活得通達自在。怎麼參透它呢？哲學家梭羅（Henry Thoreau）在他的《湖濱散記》（*Walden*）中寫著：「透過簡樸的生活，把紛繁放下，我們就能接近生命的根源；這就像樹木的根，伸向有水之處。」

當我們的心靈生活，迎向祥和的永恆世界時，我既有足夠的精神力在一朝風月中活得絢爛，又可以在萬古長空中領受自在。

生活過得富足，只做到人生的一半，必須同時參透究竟義，那才是完整。只有深通「真空妙有」的人，才能真正活出本來面目和法喜。

七 莫分心

專注的心是個人學習、思考、判斷和正確行動的根本。人透過專注，才能清醒覺察，有效處理現實生活。專注是自我功能中很核心的一環。

人很容易受干擾而分心，造成口誤和過失，有時還會釀成嚴重的意外。我們不能把這些錯誤，歸諸無心之過，而不去重視它。畢竟分心是心理運作出來的。因此，對於自己無心之過，仍然責無旁貸，記取教訓，讓它減到最少才好。

有一次，在情緒管理的小組討論中，一位成員說出了她的經驗：幾天前搭計程車回家，快到自家巷子口，就通知司機先生「前面巷子請右轉」，同時用手比著左邊，急著指揮他往左轉。司機先生放慢車速，困惑的說：「小姐！到底往哪邊轉？」這時她才發現自己的口誤。她接著陳述說：「當時我坐在車子裡，心中正縈繞著一件困擾的事。」你一定也有類似的經驗，這是情緒干擾，使自己分心的事例。

心理學家佛洛伊德（Sigmund Freud）是最早分析這類心理歷程的研究者。他指出分心造成錯誤，往往受到另一個心念的引導。他舉例說，有一次奧地利國會下議院議長，在會前協商不成立後，還是依規定正式宣布開會。他拿起議事錘，重重地敲下去說道：「我宣布閉會。」引來大家哄堂大笑。他分析議長的心念指出：議長潛意識裡，想著剛剛協調不成，會議不會有結果，不如不開的好。於是，干擾了思考，產生這樣的口誤。

這類無心之過，在當時只是一場笑話，但在人類的心理歷程上，卻不可小覷，例如司機在超車時，惹怒了對方，在生氣報復的心念中，潛意識可能發動追撞，釀成大禍；此外，機場塔台人員調度飛機起降，如果心神不寧，可能把左轉說成右轉，造成撞機事件。情緒紛繁，壓力過大，都有可能令人分心。我們的大腦同時處理諸多訊息，情緒和理性系統有時受到干擾，造成分心和錯誤。

生活在這個忙碌紛繁的現代社會裡，要防範心理壓力和工作過勞對大腦運作的干擾。這會造成分心，思考與判斷的干擾，終致行動的錯誤。

曾經有一位先生，因工作上的人際糾紛和困擾，影響其健康和日常生活。他說了一個有趣的經驗：有一天回到家裡，菜飯都擺在餐桌上。他想先進臥房換套家居衣裳，再回來餐桌用餐。沒想到，卻在脫下外套之後，接著穿上睡褲，正要上床就寢當兒，才恍然意識到自己犯了錯。

禪的修持功課之一，就是專注和莫分心。要時時照顧「當下」，要覺察「眼前是怎麼回事」，對現實生活了了分明才行。

唐朝的百丈懷海，是馬祖道一的弟子。他還是學僧的時候，有一次陪馬祖散步，當時有一群野鴨飛了過去。

馬祖便問：「那是什麼？」

百丈說：「野鴨子。」

馬祖又問：「牠們飛到哪裡去了？」

百丈心不在焉地說：「飛過去了！」

馬祖大師伸手用力扭了一下百丈的鼻子說：「就這樣飛過去了嗎？」

這時百丈大悟，他的領悟就在禪定專注和智慧是一體的。

禪家常常說「醒醒著」，這是說專注是定的來源，也是慧性的開始。我們得重視這項修練，因為它是一切正見正行和美好人生的根源。

八 來者可追

放下塵勞能令你更清醒，有活力去面對未來。

任何人都無從改變過去的事，但來者可追。你可以策勵未來，發展新機，創造新的成就。人不應該浪費精神和時間在無可挽回的事上，而是要記取教訓，走出新的里程。

每個人都會遇到失敗、困境或委屈，如果已經無法補救，那就要放下它，不要悶在心裡，產生怨恨或內疚，形成心理壓力和精神負擔，以致障礙清醒思考，阻斷創意和活力。因此，我常勸人：事情已過，既然無可挽回，那就放下它。惦記無奈的事，擺在心裡頭疲憊不已，只會增加煩惱，對身心健康帶來傷害。

記得我上國小一年級時，學校舉辦勞軍。我從家裡帶了一顆雞蛋，手握著它滿懷歡喜，蹦蹦跳跳上學去。途中一個不小心，跌了一跤，把珍惜得像寶一般的雞蛋，摔碎在鄉下的泥土路上。我心急地拾起它，瞬間手上滑出來的是蛋汁和泥沙。我哭著捧回家，既傷心又怕被責備，因為在那窮困的年代，一顆雞蛋算是珍貴的東西。

母親一看就知道出了什麼事，眼前的我是那麼慌張和傷心。她沒有責備，也沒有訓誡，只是幫我把稀爛的泥蛋接了過去，放在一個容器裡。接著，她端來一臉盆的水，洗乾淨我的小手。然後聽著我訴說怎麼摔倒、怎麼看到蛋汁塗地。她說：「以後自己要小心。」接著她很溫和地說：「打破了蛋固然傷心，不過你再怎麼哭，破掉的蛋也不會復原。記得，在生活中不免遇到無可挽回的事，處理過它，就要把它放下。現在趕快去上學吧！」第二天，我家的母雞又生了一顆蛋，我喜孜孜地帶到學校，交給老師當勞軍食品。

此外，我年輕時常到宜蘭市雷音寺聽星雲大師說法。有一次談到「放下」的意義，他說：我們做完事時，手拿的工具就要放下，才能拿別的工具做別的事；心也是一樣，事情做過了，就該放下，才有智慧做下一樁事，腦子才能清醒的思考。

在禪學的修持上，「放下」是很重要的功課，放下塵勞才能披露智慧，放下煩惱和成見，才有清淨的心智。世間的福報和成功的喜悅，都是從清醒思考中得來、從安定實踐中造就的。

就生命的究竟義言，禪家指出：我們每個人都是慧體法性的一部分。人如果執著在我執和情染裡，就會困在世間的煩惱和無明之中，無法顯露菩提自性，不能與法界淨土相應。相對的，如果能放下種種塵勞，就能雲開霧散，明朗地回歸清淨佛土，入於極樂的世界，又稱為入於佛懷。

隨著年事增加，不自覺地邁入老年，回想前塵往事，總有南柯一夢之感，也就更能了解「諸法無我」的真義。於是，在「放下」的體驗中，有著回歸淨土的法喜自在。

現在我也能了解愛因斯坦（Albert Einstein）所說的：「我覺得自己儼然已成為永恆生命的一部分，所以對於世俗生命的開始和結束，已不再執著和關切。」

就世間而言，放下塵勞並非消極，而是讓我們活得更清醒更有法喜，日子過得更成功。就生命的終究意義而言，放下塵勞才看到真如慧命，看到妙喜的永生。

九 平等心

人要有「高處平！低處平！」的修持。

我總覺得在生活之中，有失必有得，有禍必有福，委屈之中隱藏著福報，辛苦之中孕育著希望。問題是你要有智慧，去看出平衡點，看出事情的整體性，從中發展對生命的愛。

我們的生活，就得意享樂的一面看，它有負面的一邊。比如說執著於享受榮華富貴時，就得付出低頭受挫的代價；過著養尊處優的生活，就會有脆弱無能的無奈。現在貪圖享受，不久就會身陷困境。

於是，古人說福禍相依，得失相循，貴賤並存。你仔細思索，張開眼睛去看，赫赫一時的大人物，有權力時不懂得行善和大愛，沒有發展出超越的眼光，不久就看到他們身陷困窘。顯赫人物可以變得孤單鬱卒，位高權重的人竟想不開而自殺，富極一時，瞬間淪為階下囚。

美國開國時期的大哲學家愛默生（Ralph W. Emerson）在他的一篇論「補償」的文章中提到：

「我從年輕就覺得，有一條顛撲不破的法則，在宇宙中運行，那就是補償這個現象。」他說：

「我們在自然界可以看到正反兩個極性：有黑暗就有光明，有熱就有冷，有雌就有雄。每一件事都只是一半，要另一半來合為整體。」他延伸說：

「你不能把一件東西一分為二，只要好的那一半。世界就像數學方程式，無論你怎麼變，總是平衡的。每一件罪行都會受到懲罰，每一件善行都能得到報酬。」

有傲人的聰明，卻缺乏覺性，就有其壞處，而身受其害。雖然天生拙樸憨厚，只要肯努力，就有它的好處，而對他有用。若你肯愛別人，別人也會愛你。這個平衡互補現象，就是世間的真理。

智慧就是看出事理整體性的眼光。只要我們保持人與我的平衡，貴與賤的平等，用平常心去看高與下，用恬淡的態度去看待得與失，這就是般若智。

人要努力勤樸的生活和工作，卻不能陷入高下的紛爭和貴賤的執著。願意把自我中心放下，就能泯除自私的心，心靈就能保持平衡，任憑環境如何變化，總會超然自在。

唐朝的溈山禪師和他的弟子仰山，兩人來到田裡正要耕作。師徒爲了修持智慧，有了如下的對話：

「你看！就像這塊田地，這邊高那邊低！」

「不對！是這邊低，那邊高！」

「那麼我們就站在中間看好了。」

「這樣看也不準。」

「那就拿水平來量好了！」

「水並沒有一定體性，在高處是平的，在低處也是平的。」

仰山的生活態度，贏得老師溈山的肯定。

這則公案很技巧的指出：我們時時刻刻要關照兩邊，保持平衡的心；提醒自己，高，高處平，低，低處平。才能看到生活的真相，在無常變化中，保持自在和喜樂。

十 幽默些

忙碌緊張的社會，既需要專注的工作和生活，也要保持輕鬆的態度，以及幽默的心情。人必須常保歡喜和樂趣，心理壓力才不會過高，這是健康身心的條件，也是頭腦清醒、維持創意和適應力的保證。難怪許多情緒的研究者會說「幽默即是良藥」（humor as Hippocrates）。

名醫雷曼・慕迪（Raymond Moody）在他寫過的一本書《幽默的療效》（*Laugh after laugh: the healing power of humor*）裡指出：幽默和長壽有關，疼痛在一陣大笑之後，很容易消失。此外，透過喜樂和歡笑，也能緩解焦慮和憂鬱。

另一位哈佛大學的研究者喬治・韋朗特（George Vaillant）研究指出：幽

默能對抗壓力，減少心臟病變。神經免疫學研究亦發現，幽默使個人免疫系統增強，並保護我們不被疾病攻擊。此外，老人醫學研究亦發現，幽默的老人比較健康。

幽默有助於人生智慧的培養，轉變情緒，減少口頭冒犯的情緒，這有益於談判協商，可減少衝突，創造新的合作，或引發創意。幽默大師喬伊・古特曼（Joel Goodman）指出，幽默能使人開朗穎悟，使自己更優秀、更有信心，並獲得良好的人際互動。

亨利・福特（Henry Ford）是美國汽車工業的巨擘，也是一位偉大的發明家。他的性格之中存在著幽默。有一次他在俄亥俄州的辛辛那提火車站，好奇地察看了火車頭，然後來到車廂坐下。這時有個年輕記者慌慌張張地跑過來問：「聽說福特搭這班車，你看到他沒有？」

他搖搖頭說：「幾分鐘前有看到一位白髮蒼蒼的瘦老人，爬上火車頭去。」

那年輕記者說：「大概就是他了！眞是怪傢伙，這福特！」

福特幽默地點點頭說：「一點不錯！」

用一種輕鬆詼諧的態度，去面對一些輕鬆的場景，似乎使生活更加生動有趣。

在禪的修行中，幽默亦是一種靜心養性之道。

唐朝的趙州從諗，有一天和弟子文遠閒坐著。他便提議：「我們來比賽，看誰把自己比喻得更低，誰贏了，誰就輸掉桌上那塊餅。」

比賽開始，趙州說：「我是一隻驢。」

文遠說：「我是驢屁股。」

趙州說：「我是驢糞。」

文遠說：「我是糞裡的蟲。」

趙州說不下去了，便問：「你在糞裡做什麼？」

文遠回答說：「我在那裡度暑假。」

趙州讚許他說：「那你贏了。」然後他把桌上那塊餅給吃了。

我發現他們在幽默中論禪，點出歡喜自在的態度，真是令人讚嘆！我們既需嚴肅的生活，也不忘用幽默來化解緊張和障礙。學會幽默的人，身心健康，頭腦清楚，生活更是風趣自在。

叁 行善

行善就是品德和實現，故《大學》說「止於至善」，行善能促進心智和人格的健全發展，培養安穩寬闊的心志。行善的人容易結善緣，社會支持好，家庭、婚姻和事業自然順利。行善是人生的軟實力，能開展豐足成功的人生。

一 做好事

行善做好事，為別人服務，為社會做點奉獻，可以讓自己從自我中心解脫出來。這能使心靈不再那麼孤立，不再覺得疏離和隔閡，從而感受到安全和自在。這種現象就是自我延伸（ego extension），是博愛襟懷的根源，也是心靈喜樂和健康的重要因素。

行善的人心裡安寧自在，心情悅樂，身心健康。他們從自我中心、敵意和對立的生活窠穴中走出來。於是，能享有溫馨的人際關係，生活創意好，歡喜心多，在工作適應上也較好。有許多研究指出：做些善事，為別人盡點棉薄之力，對身心發展有益。

歸納最近的研究結果，發現行善的人，能增進人際關係，得到較好的社會支持。他們在助人之中受別人的感恩和喜愛，產生人際溫暖，從而清除了敵意和緊張，並促使大腦分泌腦內啡（endorphin）。這種物質不但是天然的鎮定劑，同時也是歡喜和減少疼痛的媒介。

神經科學家也發現，行善對免疫系統有益。行善、奉獻和服務他人，能促進免疫蛋白，帶來較好的免疫力。

有些研究甚至指出：敵意和性急會帶來較多心臟病的風險，然而行善和保持心靈的自在，對心理健康有很好的助益。所以做一些行善的工作，是增進幸福的事，也是人生重要的智慧。

佛陀把行善布施，當做成就圓滿人生的德行，是六種波羅蜜多之一。波羅蜜多意指到彼岸；透過布施行善，為別人做些好事，我們從有煩惱的此岸，跨越到無煩惱而有喜樂的彼岸。從自我封閉和敵意的此岸，跨越到博愛、慈悲和安祥的彼岸。因此。佛陀在《大般若經》中說：「要為利益眾生，化導眾生，並為眾生所欲而化導布施。」

《阿含經》裡說，有位很窮的人見到佛陀時說：「我很想布施，可是我一無所有，怎麼辦呢？」佛陀答說：「你只有窮困，那就拿窮困來布施吧！」

一個窮困的人，若能把窮困的經驗和痛苦，以及造成窮困的原因，說出來分享給所有人類，一定可以拯救許多人免於窮困的痛苦。這是一個很大的行善。但我知道所有陷入窮困的人，都不願意說真實話。他們寧可推給命運，而不願說出致窮的原因。

行善是隨緣可做的事，抱著行善的態度，會累積許多功德，結許多緣，更讓自己從我執和敵意的漩渦中解脫出來，讓生命變得豐富、健康和有意義，更重要的是，這個無障無礙的心靈，將與本體的清淨法界相應，而成為光明法界的一部分。

一個人如果抱持孤立的態度，只想到自己，而不能延伸到別人身上，產生同理心和慈悲心。不但在心理生活上感受貧乏、孤單和不安全，產生精神壓力之苦，而且會帶來免疫力的衰弱和復健上的困難，甚至在壽命上，也會打折扣。有不少研究指出，行善、參與服務、經常和人在一起，有助於益壽延年。

行善不僅能提升個人生活品質，對於社會公益亦有增進。它不但是個人身心健康之所繫，亦是祥和社會的根源。

二 人生路燈

我念小學的時候，宜蘭鄉下開始裝設路燈。第一次看到路燈，把不平的石子路照得通明，能在暗夜看清路面，實在興奮極了。站在路口往前望去，遠遠的地方，一盞接著一盞，把蜿蜒的馬路，照出童年夢想的軌跡。這幅景象一直深烙在腦海裡，依循路燈，即使暗夜亦能找到前行的路徑。

我常常遐想路燈的指引，可以帶領步上美好的人生，多年來，我在心靈世界裡，也有了人生的路燈。透過它的照明，幸運踏實的往前走，路子走得平順，內心感到豐足。

雖然一路走來，路途崎嶇艱辛，但卻很幸運地順利通過許多挑戰。我上山下田幹過許多農事，挑過吃重的擔子，做過水果販、建築工、批發商、教學與研究、公務員、作家等等，更做了四十年的義務心輔工作。回想這些林林總總的歷練，在腦海裡形成人生的路燈。我常常循著這些軌跡，追尋生命的豐足和喜悅。以下幾點是指引我邁向歡喜人生的明燈。

首先要做對的事。所謂對的事就是正確正向的事；透過自己的能力和環境，選擇自己做得來的事，將它化為事業，這能使你務實，從現有的資糧中成長，一點一點去延伸。這是每個人都辦得到的事，只要努力，就可以帶來成功的經驗和信心。別怕起步晚，只須步步踏實，節節做新的嘗試，生活就有新視野和展望。此外，要懂得用自己的方法做事，別人的方法和經驗，只能當參考，不能照單全收。

其次是保持開心。心情低落，體會不到生活中的樂趣、幽默和歡笑，是人生真正的窮困。因此，無論遭遇到什麼難題，都要設法解決。即使是一個很普通的作為，也能令你心安和充實。凡事有了行動就會在大腦內形成迴路，解除無助和不安，並孕育出思考和創意，因此，要學習笑傲困難，告訴它，「你難不倒我！我一定能走出困局。」抱持這樣的態度，就能活得開心，活得有勇氣面對挑戰。

第三是及時結緣。人生路走到哪兒，就要在哪兒結善緣。緣不是等著自己會來，而是願意用愛、友誼和關懷的行動去締結來的。人有了社會支持的善緣，社會覺得溫暖；有好的人際網絡，就有溫馨自在；有融洽親密的親人，就會有幸福和安定，願意廣結善緣，就會有互助相惜的情誼和行動。這使人不孤單，容易成功，進而帶來身心的健康。

第四是真心的生活。要保持簡單素樸，不要被慾望沖昏了頭，不要被享受綁架，但要懂得在生活中發現喜樂。生活中的許多事物，用慧眼去看，就能顯現箇中的美妙。偷點閒做點尋幽訪勝的事，留點童心去欣賞現成的景緻。你要找機會欣然看看白雲悠悠，或品觸細雨霏霏的幽美，更不忘傾聽蟲鳴鳥叫的欣喜。記得做一點隨心所欲的事，例如：烹煮一壺茶，專心品味它的清香，給老友打個電話，問候敍舊。人生樂趣何其多，只要你真心生活，妙樂隨手可得。

最後是宗教和修養。高級宗教的信仰和領悟讓自己有了人生意義，有了精神生活的支柱。透過信仰，我們會找到靈性的歸宿，得到安身立命的智慧。由於信仰和靈修，心地變得仁厚友愛，心情安定，處處有了歡喜，請記得！人生不是只有追逐和享有，同時要兼顧永生的慧命。

這幾盞生活路燈，是我在實境中發現的，你不妨參考看看，相信也會找到自己人生的路燈。

三 寬恕

人生是一個艱辛的歷程，尤其生活在高度功利、物慾橫流的社會裡，人際不免衝突，創傷更是難免。尤其是心理的創傷，更是無盡痛苦的淵藪。有些人甚至發展成精神疾病，痛苦難當。

多年來的觀察研究，發現寬恕可能是治癒這種沉痛的良方，透過這個正向的心理歷程，受害者較能擺脫受傷害的懼怕或悲傷情緒。不過，要一個受害者寬恕加害者，又是何其困難。於是，每當我提起寬恕時，當事人總會堅持的拒絕。這時，總要婉轉地告訴他：「寬恕是要你把痛苦的往事，從心裡頭徹底的拔除。」

曾經有一位女士，在離婚後陷入嚴重的憂鬱。她是家暴的受害者，歷經不少驚恐和傷害，現在雖已脫離困境，卻罹患嚴重的憂鬱，伴隨著焦慮情緒。

我建議她：「現在已經離開危險之地，要面對現實好好生活。對過去的往事，要放下它，寬恕它。」

她回答說：「我死也不會寬恕他，這樣人間還有公理嗎？」

我說：「寬恕是要你打從心底離開往事的糾纏，好好面對新生。」

她說：「我是很想擺脫那段惡夢，你能教我擺脫嗎？」

我說：「你說的沒有錯，世上要有公理。公理的審判者，在人間有法官，在陰間有閻王；人間的訴訟已解決，那麼陰間的事，就交給閻王去審判。妳沒有聽過惡有惡報、善有善報嗎？」

她點頭同意。她是位教徒，欣然同意由我帶領作個禱告，祈求觀世音菩薩把這個痛苦心結，交給閻王去公平審判。她願意放下這個心創情結，修持慈悲喜捨，做一位清淨無礙的佛弟子。就從那天開始，她有了全新的心境和感受，漸漸淡開心結，心情也好了起來。

禪的修持之一，就是要放下心中的結，這樣才能讓自性中的般若朗日高照，了了分明，活出慈悲和智慧，領受無盡的法喜和功德。

有一位禪師告訴拿著鮮花供佛的弟子說：「你懂得供花，功德福報會很大。」

弟子說：「我心中有許多煩惱和痛苦，所以獻花祈求智慧。」

禪師說：「你供的花怎麼樣才能保持新鮮呢？」

弟子說：「每天換水，把花梗腐爛的終端剪去，就能吸收水份，保持不凋謝！」

禪師說：「就是這樣！把腐朽的心結除去，保持清淨的心，就有智慧和法喜。」

對傷害者寬恕，才能避免冤冤相報，墮入惡性循環，或自我折磨的憤懣。尤其夫妻間的不忠和背叛，更難寬恕，而陷入更困窘的交惡，甚至把婚姻毀掉。霧水姻緣的外遇，經過衝突創傷，雙方要有所覺悟，去重建他們的婚姻生活園地。

曾經有一對夫妻，為了先生的一段外遇，彼此賭氣鬧了幾年，憤怒嫉恨，更造成性的挫折。我建議他們，既然那荒唐的外遇已過，就要寬恕，先生也要對太太的鬧情緒寬恕。我告訴他們：「勉強裝出饒恕對方，營造些有益彼此感情和生活的氣氛，最後會產生真心的寬恕和溫暖。」

勉力去饒恕帶來真正的寬恕，但受寬恕的人，更要珍惜寬恕。這個世界只有寬恕才能泯除舊惡和世仇。個人如此，族群也如此。寬恕是大愛，它能療傷止痛，重振人生和幸福。

四　熱情

有熱情的人，才會精神振作。日子過得有創造性、有樂趣，熱情能使生命活潑堅毅，快樂幸福。熱情的人有較多的喜樂，生活充實，所以不會無精打采，更不會偏離正軌，做出邪惡的事來。

行動使生命變得有熱情；你歡喜快樂的生活，興致勃勃的工作，打起精神待人接物，熱情自然出現。熱情就是生命力，是精進人生的力量。

人若將熱情帶動起來，身心自然健康，生涯就變得活潑有創意。熱情是可以培養的。只要你勉力打起精神來，培養專注、興趣和行動，你就有了生命的光彩。

心理學家威廉・詹姆斯（William James）是一位提倡熱情和堅毅的人。他年輕時體弱多病，隨著父親在美國和歐洲東奔西跑。沒有一所學校完整讀了一年。年輕時他患了憂鬱症，嚴重到考慮自殺；由於身心耗竭，幾乎癱瘓於病榻。

後來，為了克服這些障礙，他透過行動，培養生命熱情，養成堅毅性格。他成功扭轉了人生，有了精進和活力，對社會做出許多貢獻，並成為卓越的心理學家。他的著作，至今仍是心理學的經典文獻。他對於現代人心理調適的建議，仍然像金科玉律一般的實用。

他所謂的熱情，就是正向和行動。他說：你想覺得高興，就要高高興興的行動，或坐或觀看景物，一舉一動要像很高興才行。如果你要覺得勇敢，言行上就要表現出勇敢。你的熱情和正向行動，使大腦接收到信號，做出正向的情緒反應。

因此人若能抱著熱情去工作，去領受生活中的樂趣，就會覺得振作高興，厭倦、疲勞和頹廢自然消褪。

現代社會裡，有人確實因工作緊湊，工時過長，而覺得疲累。但大部分倦怠，卻是由於缺乏熱情；只稍增加一點負擔，就感到疲累。口中說出唉聲嘆氣的話，下了班就陷入疲憊的身心狀況，形成一付頹廢的模樣。正確的方法是，下班之後，要提醒自己高高興興地回家，做一些該做的家事。這反而能提振精神，過品質較好的生活。

人想要工作就要認真的工作，心情自然振作，精力自然增加。反之，工作動機薄弱，就會無精打采，甚至頹廢抑鬱。

時下有些青少年，放縱自己，任其鬆懈懶散，不正視學業，不認真充實必要的知能，任自己荒廢在網路、電視、睡懶覺上，直至深夜或通宵，等到上學或工作時，卻振作不起來。這些人都該接受詹姆斯的忠告：要用熱情去做對的事，這能令人振作。

我們要透過熱情去做對的事，也要透過它來改掉壞習慣，從而發展向上的毅力。有這股力量，就能助你安度難關，帶來新機和好運，幸福和快樂就在這兒哪！

努力去做正當該做的事，專注努力地幹，不但使心神安寧充實，更能激發新的熱情和創意，讓人生活得快樂光彩。因此，只要你心念一動，想要做樁正向的好事，就得全力以赴，讓自己的心力活化起來，自然會有美好的豐收和快樂。

五　互助

為了精神生活的成長，每天提醒自己，順手做點助人的事，並隨緣給人尊嚴、信心和希望。無所求地給予，日子久了，就會成為有愛心的人。有愛心的人，心情穩定，有較好的自在感和歡喜心。由於關懷別人，主動與人分享生活的感動，自然會從友愛中獲得快樂，並觸動了生活的創造性。誠如心理治療家彼得・漢生（Peter Hansen）所說：在互愛的生活中，創造彼此的熱情、真誠和支持。這讓緊張和焦慮減少，從而產生健康和快樂。

愛、幸福與健康是分不開的。我們要避免因為別人有負於我、虧欠或傷害了我，就用恨或敵意的態度生活。請想想，別人傷害了自己，就已經夠慘了，接著自己又用負面的態度去生活，這簡直是借惡人之手，來自我糟蹋。愛是自立自強的養料，是身心健康的護身符。把憎恨放下，用愛去生活，才能讓自己活得幸福，有活力去開拓美好的人生。

外科醫生理查・希蒽曾經說過一個故事：一位飽學的教授，在教室裡認真地教導學生。有一天他突然病倒了，胃壁穿孔，胃裡的東西，像群魔一般湧入腹腔。他很快被送到醫院進行手術。搶救完成之後，醫生嘆了一口氣說：「現在可好了！」事實不然，他病得更嚴重了，被送到加護病房，並做了好幾次急救。

三個星期中，一位身穿白衣的護理人員，滿懷愛心地照護他，監控一切變化，做排膿、打針等各種照顧。每次教授體力變弱時，她都哀傷地搖搖頭，記下狀況。當一切都停止，她還用手親觸，嘆了一口氣，目送教授往生。

希蒽醫生感悟的說：「飽學的教授，從未認識這位護士。他在接近死亡的階段，護士卻是他的至親。兩人親密相愛，相依為命。儘管彼此未曾分享以往的日子，卻共同佔有生命之中緊要的時光。這段關鍵的締結，聯繫得比任何諾言更緊密。」他繼續說：「嗯！沒有人知道，自己最後一口氣，要在誰的手中消逝。就憑這一點，我們就該對陌生人仁慈。」

多年前，我讀到這則故事，一直在心中縈繞著一個觀念：我們活得好，是眾人互相扶持的結果。人活在互愛之中，只要活著，就得感恩，就得隨緣幫助別人。我們真的無法臆測，在意外事故時，誰送自己去醫院；在天災地變時，自己會在誰的手中救回一命。所以每個人要實踐互愛。

愛就是慈悲喜捨；要給別人快樂，拔除他人的痛苦，共同創造喜樂幸福，並捨去敵意、煩惱和仇恨。這在禪的教導裡叫作「古佛的心」。

唐朝的法眼文益禪師，有一次被問道：「什麼是古佛的心？」

他肯定的說：「慈悲喜捨就是從那裡流露出來的。」

幸福的人生就在互愛之中實現，健康的身心與愛心不可分離，它即是生命之道，亦是人生的希望。所以別忘了每天隨緣做點助人愛人的事。

六　知足

過度提高生活的抱負水準，會產生嚴重的匱乏感。強迫自己去追逐，不但得不到喜樂，反而造成焦慮或沮喪。因此，我們要努力勤奮，但也要學習知足。

佛教把心理發展的成熟度，從最高的佛和菩薩，到最低的地獄眾，分成十個位階，稱為十法界。其中倒數第二個位階就是「餓鬼道」，所指的就是在心識上處於匱乏感的眾生。

處在餓鬼道的眾生，每個人都餓得皮包骨，肚子卻脹得像鼓一般大，嘴巴吐火，咽喉像針那麼細。送給他食物吃，接到手裡就化為灰燼，有時拿到手時還是美食，但一放入口中就化為泥沙。

這是宗教的象徵式說法，但卻有著豐富的心理學意義，它所描述的是：餓鬼永遠得不到飽足，雖然囤積了許多財物，把肚子脹得又圓又大，身體仍然骨瘦如柴。因為他困窘沮喪，甚至瞋怨嫉恨，把自己弄得憔悴不堪。

餓鬼的心情焦躁，火氣很大，容易生瞋，所以嘴巴吐火。看到財物、食物，就狼吞虎嚥，急躁得直接塞入肚子，好像跳過咀嚼吞嚥，以致咽喉退化得像針那麼細。他所看到的食物，只把它看成物，享受不到美食之樂，所以像灰燼、泥沙一樣，食而不知其味。

匱乏感對生活的影響是很深切的。現代這個社會陷入類似心理困境的人，真是不少。每天忙著追逐、囤積，但卻食而不知其味，視而不能欣賞其美，聽而不覺知其悅樂。因此，大家要涵養知足，讓自己能在生活中，領受豐足和喜悅。

請記得生活本身就是豐富的喜樂素材。光是活著就夠美好了，要懂得隨緣品味，生活中真有取之不盡用之不竭的豐富。

人為了生存，必須採取行動，獲取所需，否則就會陷於饑餓，損及身心的健康和生命的維持。不過，在需求獲得滿足時，神經系統要感知其飽足，才不致繼續攝取，脹壞了肚子，或者仍然窮追不捨的奪取，把自己給累壞了。這套知足的感測機制，便是個體維持生命，和告訴自己可以休息、娛樂和休閒，乃至體驗幸福的憑藉。

這套感測機制，如果過度使用而疲乏，或因為麻醉而失準，以致無法正常運作時，需要與滿足的訊息無法正確的傳遞。這就可能在饑餓時，仍然無心覓食；渴的時候不知飲水。反之，已經獲得飽足，該停止飲食時，卻如饑似渴的進食。這就是所謂的厭食症和暴食症的根源。

人由於匱乏感，長期強迫追逐所需，致使感測機制疲乏，失去感知滿足的能力，在生活需求上，造成強迫性追逐，無法休息或停止，甚至不能安心地睡眠，形成焦慮症候群和疾病。

另一方面，如果自覺無法滿足期望的需要，則會產生無助、沮喪、悲傷或絕望，這就形成了憂鬱症。這兩種疾病可以解釋為現代人「窮」的衍生物。

現代人追求的東西太多，流行互相比較，重視面子和排場，又生活在強調效率、成長和競爭的文化裡，所承受的壓力當然很大。如果不學習簡樸的態度，就很難讓知足的感測機制恢復正常。

於是，大家應一起學習素樸和簡單，讓自己更能以簡馭繁，勝任現代繁複多樣的生活，並產生知足的喜悅。因為簡樸能使知足的意識復甦。

七 恭維

每個人都喜歡聽到恭維，但受到恭維時，又顯得不自在或推卻，於是對恭維的正確態度，成為生活中重要的一環。

恭維是社會支持的來源，它能讓人感到溫馨、信賴和自尊。恭維者和受恭維者若能恰如其分的互動，總能創造動人的人際溝通，創造彼此的友誼、合作和信賴。

恭維人一定要真實，不可虛意逢迎。像灌迷湯一般的誇獎，會令對方不自在，彼此互信不免受到影響。真誠的恭維不但表現了自己的欣賞力和朋友的關心，同時也給予對方尊嚴和肯定。相對的，接受恭維的人，謙遜致謝的態度，也傳達了相知、肯定和友誼。接受恭維時，如果回應得誠意與幽默，彼此就更會心了。

二十世紀在非洲行醫的史懷哲（Albert Schweitzer）醫生，有一次接待法國的訪問團，在餐會席中，有一位牧師真誠地讚美他，並禱告說：「祈求神保佑史懷哲健康，得享遐齡。」他聽了恭維之後，很懇切地答道：「但願神在聽你講話。」現場一片歡愉。

真心的恭維，給人帶來肯定的鼓勵。但有許多人卻覺得不自在或發窘，甚至急忙表示推辭。這會使現場變得尷尬，甚至傷害了對方的好意。為什麼會有這種反應呢？研究指出：這往往來自過去所受的教育，有許多家庭過度重視謙遜，認為接受讚美是一種自大和自負，所以要推辭。當然，也有可能自我中心作祟，想著：「您憑什麼對我品頭論足！」或者懷有戒心，懷疑對方是否「先禮後兵」，先褒後貶，於是推辭了恭維，造成氣氛尷尬。

其實，當你受到恭維時，只要是真實的事，就該大方的表示欣慰和謝意。

這是禮貌，也是給對方的肯定。這對彼此的社會支持和人際溫暖都有幫助。大家從中得到鼓勵和生活創意。

如果你發現那只是虛意奉承，那就客套幾句打發他就是了。至於想利用恭維，趁機作不當的索求者，那就婉拒他吧。

接受恭維，要用禪法所說的「平直心」來看待它。唐朝的趙州禪師有一次受到禪僧的恭維說：「真是趙州古佛，名不虛傳啊！」趙州聽了，從容地回他說：「你也是一位新如來呀！」

真心的恭維，增進了彼此的相知和風采。真心恰當的恭維，能帶來法喜，產生精神力和智慧。

在我的學校生活中，從小學到大學，沒有老師讚美過我的寫作，一直到大一的下學期，我寫了一篇〈除夕夜〉的文章。內容是描述一個窮苦家庭，除夕夜被債務所逼的窘境，以及箇中轉折的感人故事。作文簿發回來時，我看到嚴恩紋教授用工整的紅筆寫著：

「你這篇文章深深感動了我，一讀再讀還是感動。你的觀察細膩，筆觸犀利，文章裡有事理、有感情，是難得的作品。此外，文字淺白易懂，是人人能讀的好文章。以後多多寫作，必有更多佳作出現。」

這個讚美，讓我對寫作有了信心，有了不妨試試的動機。我能寫下四十多本著作，是從她的讚美中，孕育出來的勇氣和興趣。

真心的恭維能給人帶來力量和勇氣，但恭維要真實，要恰如其分，不可虛偽，更不能灌迷湯。人的信心和骨氣是在成功經驗中孕育出來的，但一開始還是從讚美中得到回饋。多真心恭維別人，也要誠心接納別人的讚美，在平直心中，我們有了更多創意和溫馨。

八

想得對

人的情緒會干擾思考，左右自己的決定和行動。思考也在影響情緒，你怎麼想就怎麼感受。

心情不安鬱悶，是因為有了自責或罪己的想法。憂鬱愁苦，是因為抱著不好的預期，責備自己的無能和沒有面子。陷入憤怒火爆，也正是想著和別人敵對，或自尊受了傷，所以暴跳如雷，甚至引發暴力行動。

禪的修行之一，就是要讓自己思考正確，也就是八正道中的「正思」。禪告訴我們，要想得真實，不要被自我批判的想法絆倒。

唐朝的仰山慧寂有一年去結夏安居。回來時，師父潙山禪師問他：

「一個暑期不見，你在那邊做了些什麼？」

仰山回道：「耕了一塊地，播了種子。」

潙山讚美的說：「看來你這暑期沒有閒散過。」

這時仰山也問師父：「這個暑期都做了些什麼？」

潙山很從容自在的回答：「白天吃飯，晚上睡覺。」

仰山接下去說：「師父！您這個暑期也沒有白過啊！」

仰山說完這句話，卻自責起來，覺得這話有點諷刺的味道，不自覺地咋了舌。

潙山看到仰山的窘態，便指正他說：「慧寂！爲什麼你把事情看得那麼嚴重呢？」

禪者很注重這個正確思維的訓練，要避免掉到庸人自擾的錯誤念頭裡，才能開展清醒歡喜的心境。誠如溈山禪師所說：「如今只要識心達本，但得其本，莫愁其末。」想得對時，智慧自然流露出來。

心理治療家艾倫・貝克（Aaron T. Beck）在他的著作中指出，改正錯誤的想法，可以消除不當的情緒心結。他提出關鍵性的見解如次：

- 情緒是由思想「認識」出來的，此刻的想法，正是現在的心情。
- 憂鬱是你的思想普遍被消極念頭支配，於是一切事情，變得黯然無光，而且你也相信真的有那麼糟。
- 消極思想往往是一種對現實的扭曲，只要你能認出搗鬼的錯誤觀念，就可以克制它，把它消滅。

我們經常犯的思考錯誤是：「不全則無」的想法，遇到一點點的失敗或挫折，就鑽到牛角尖裡，把一切好的都忘了，於是整個心境被挫敗佔據，而造成憂鬱。其次是「感情用事」，用衝動敵意來看人，用不安和絕望來看事，整個心情完全陷入困擾的風暴中。其三是「自我引咎」，想著都是自己錯，自己無能，從而陷入苦悶之中。

如果想擺脫壞心情，貝克建議你寫下你的消極思想，認清它的不合理，找出積極客觀的想法。最主要的是，你必須認清：別人的毀譽，並不能增減你本身的價值。你必須對自己的人生負責，善待自己，並有自知之明，才能有好的感受和心情。

九 融洽

夫妻融洽，是創造幸福人生的根源。融洽表示彼此互相肯定和欣賞，從而建立互信、親密、友愛和互相扶持，從諸多婚姻困擾個案中發現，每一對夫妻一開始，都期待融洽相處，但他們疏於培養融洽的習慣，以至摩擦時起，衝突和敵意增加，婚姻陷入泥淖。

婚姻有了困擾，孩子的心理健康和心靈成長，也不免受到波及，這可能埋下以後親子之間的新難題，一波未平，另一波接踵而來。

其實夫妻失和，對於彼此健康傷害尤大，甚至演變成嚴重慢性疾病。有些人自嘆命運不好，其實比較清醒的人會這樣說：「我疏忽了夫妻融洽相處之道。」

夫妻生活不融洽的原因，依美國調查發現，有百分之八十七是溝通上出了問題。特別是尊重、瞭解和表達感情上出了狀況。

依我多年對婚姻個案的研究，夫妻不融洽的主要因素，是沒有養成彼此欣賞對方優點的習慣。光憑這一點，就會從批評、冷漠、賭氣等消極態度，發展成爭吵、厭惡和敵意。只要不去欣賞對方的優點，老把眼光投在看不慣的事上，不需多久，本來投緣的新婚夫妻，就會產生疏離感，從而造成失和的困擾。

於是，為了人生幸福，我提倡夫妻能養成互相欣賞優點的習慣。有一次，一位女士在晤談時說：「我就是找不出先生的優點，每天看到的是髒衣服亂丟，用過餐的碗筷擺在桌上不收，看電視新聞時就跟著發牢騷。於是我常批評他，常常為小事吵了起來。日子久了，我們不是冷戰就是熱吵，連孩子們的情緒都受波及。現在，連上班的情緒都受影響了。」

我請她冷靜想想先生的優點和長處。經過晤談引導，她想到「早上送孩子上學」、「會修理家具或電器」、「懂得一點理財」、「對父母親盡孝養，每個月都會寄錢給老人家」等等，於是我鼓勵她，養成肯定優點的好習慣。只要努力三個星期，習慣就能養成。並預期三個星期之後，夫妻的感情也會變得更和諧。

她開始試著肯定先生的優點或長處。起先覺有些困難，甚至感到自己很造作，但還是堅持做下去。她慢慢地發現更多先生的優點和長處，包括待人誠懇、工作盡責、對孩子有耐心、關心太太的健康、懂得顧家、肯努力進修、知識相當豐富等等。三週之後，她發現先生開始對她有所回應，接著他們能坐下來暢談工作、交換見聞。

在晤談時她說：「為了尋找和肯定先生的優點，我自己也改掉了嘮叨，修正了賭氣和生悶氣的情緒習慣，我顯然看到一個新的人生希望。」

她回顧努力養成新好習慣時說：「剛開始我得不到正面的回應，有著用熱臉貼冷屁股的挫折和不甘心，甚至想要放棄，想著為什麼這件事要由我來主導。但聽了你的忠告，為了幸福的人生，必須堅持下去。有努力就有回報，先生在三週圓滿之後的一次交談中說：『我們的感情與看法和諧多了，謝謝妳的幫助，我會努力做個好先生和好父親。』我既感動又溫馨。」

古人說「家和萬事興」。夫妻和諧融洽，不但能創造幸福的人生，對事業和家庭有著正向的作用，尤其對孩子的心智成長，影響更是深遠。

十

讚美

讚美是心靈生活的重要修養。真心的讚美，不只是社交上的禮貌或恭維，而是有好的眼光，有正向的態度，能欣賞別人的優點和能力，去跟別人的品德和才華共鳴。

人要懂得欣賞別人的優點，讚美其才華或品德。這樣不但可以建立彼此的感情，增進人際互動，創造友誼和溫馨，更重要的是激勵自己成長，培養正向積極的生活和工作態度。請不要把讚美當做虛應故事，而是誠心地欣賞所讚美的優點和光明面。

願意讚美別人的人，較有信心，自尊較健康，待人接物的肯定性和穩定度高。他們清楚地看到優點，誠心讚美，對整個事情，都了了分明，有著清楚的思考、判斷和回應。

我們的社會風氣，太偏重於批判或批評。一件用意良好的事，會被其中少許瑕疵，完全的掩蓋，批評到一無是處。於是，創意的行動不再受到鼓勵，消極和負面的態度大行其道，這對於整個社會性格，會造成扭曲。

凡事平心靜氣去看，值得肯定的就要讚美，有瑕疵的當然予以批評指正。這樣，社會才能發展出正向性格：有創意、有朝氣、有活力。然而，眼前普遍正向思考不彰，負向情緒充斥。這對國家發展無益，對下一代的教養，也會造成負面影響。

讚美使我們有信心和朝氣，批評則能導正缺失，補其不足。缺乏讚美的批評，即使是金玉良言，也會失去它的原意和寶貴動機。

讚美和批評都來自平心靜氣的觀察和思考。一廂情願的讚美和批評，會帶來意見的衝突和激化。雙方很容易造成對立和敵意，從而付出慘痛的代價。

禪家把平心靜氣看清事理稱作塵塵三昧。有一次弟子問唐朝的雲門文偃大師：

「如何是塵塵三昧？」

他直截了當地說：「鉢裡飯，桶裡水。」當下把它看清楚就是了。

國家的公共事務，需要冷靜的思考，形成做得通的決策。如此才能在詭譎多變的地球村裡，長遠發展下去。

政黨之間不能抱著不全則無的偏見，而要在讚美中找出交集，在批評中找到妥協。這才能為大家找到活路和信心。

我曾接觸過幾個親子嚴重衝突的個案。為人子女的都已成年成家，父母也都是高社經地位的人。他們意見不同、衝突和痛苦；長期在負面情緒中煎熬折磨，甚至發展成焦慮症或憂鬱症。

他們所看到的都是對方的缺點，對於彼此的優點視而不見，交相指責，耗盡心能，且從未用讚美來補充其損耗。他們互動的精神場域，被消極的情緒淹沒，痛苦和災難籠罩不去。

夫妻之間的交惡，也有很多來自缺乏讚美。他們交相指責對方一無是處。於是，正向的心智漸失，負面情緒瀰漫其間，真是心靈世界的貧賤夫妻。

讚美具有驚人的力量，請培養自己的好眼光，看出別人的優點，提起勇氣去讚美對方，彼此就有正向的心力，去創造共同的幸福。

肆

養心

真正的幸福是歡喜的心。有了它就有生命的活力和互動性，有了它你能成就許多事業，做許多功德。所以，養心就是培養生活的軟實力。歡喜、聰慧、安定和活潑的心，是涵養出來的，而不是享樂或安逸得來的。養心要在日常生活作息中培養，在忙碌工作中保持安住，日久功生，受益無窮。

一 涵養

大腦是人類身、心、靈種種表現的根源，也是幸福人生多采生涯的運作樞紐。我們透過腦力運作，才能謀生、工作和思考，表現出創意和智慧，認識宇宙萬有，覺悟性靈的存在，體悟生命的究竟義。因此，對自己的身心靈，要作基本的修養。

清醒的大腦，透過體驗的回饋，不斷地累積經驗，重組和創造新的思考工具，表現出多采多姿的活動，領悟更深邃的生命意義。

在理性方面，要不斷的學習和實際體驗，讓認知基模精緻靈活，以適應種種生活挑戰，保持健康快樂和幸福。

此外，我們同時生活在情緒和感情的「有情」領域裡。人的每一個行動和際遇，都會引發情緒和感情的回應，它也是回饋所作所為的另一個平台。於是，理性與感情的平衡，使一個人成為「覺有情」的個體，佛法稱它叫菩薩。菩薩是指生活調適得好，工作效率提高，品德良好，心靈生活充實。他們的大腦功能，會產生更高的覺悟，發展出宇宙心，有著民胞物與的情懷，有著參天地化育的靈性體驗。理性與感情的發展與協調，使個體真正開悟，契會真如法性，得大自在。

然而，現代人忙碌和競爭的生活方式，加上貪婪、縱慾和敵意的風氣。使得大腦的邊緣系統負荷過重，引發過多的緊張、焦慮和困擾，帶來沉重的壓力。於是本來清醒的大腦，被扭曲壓抑，產生無明。大部分的人，生活在煩惱無明之中，活得不快樂。不但缺少生活實現的法喜，更無緣參悟靈性生活，契會如來法性的妙樂。

人類在理性和科學的發展上，是值得肯定的，但在情感、情緒和靈性的生活上，卻是貧乏的。從諸多研究得知，大部部分的人活得不快樂，除了追逐工作，心靈是空虛的。

因此，現代人需要禪修這門功課。禪修並不玄奧，也不神祕，而是心靈生活的修持，人只要安定自己的情緒，每天靜坐二十分鐘；在忙碌的生活中，騰出時間放空靜處或數息十分鐘，或者隨緣方便念佛或持咒數分鐘等。這些禪修的行動，可以使情緒神經網絡得到平靜，改善生理機能的情緒生活。

美國賓州大學靈性與心智中心主任安德魯・紐柏格（Andrew Newberg）研究指出：靈修可以提升大腦神經機動，由此改善生理和情緒的健康。這些修行並可強化特定的神經迴路，產生寧靜、友愛和慈悲，並產生靈性的體驗。此外，這些修持可以改善記憶，同時減緩老化所造成的神經損傷。這些修持平衡了丘腦（thalamus）的功能，改善了邊緣系統到扣帶迴和理性思考的通路。這讓我們更清醒的思考，發展更好的悟性。

我十五歲時開始學禪修，原則上每天禪坐二十分鐘。佛教的信仰和禪坐修持，讓我有毅力安度艱苦的工讀歲月，更讓我有清醒的腦力應付學習課業。最有趣的是禪修開啟我的慈悲心和對人的關懷，在教育和輔導上做了奉獻，並從中體會靈性生活的歡喜。

透過禪修，或靜坐等修養，能讓大腦的功能更加圓熟及清醒，不但有益於自我功能和發展，從而開拓豐富的人生；更能在修養中，學習靈性生活，契會生命的究竟義。

二　回歸生活

人為了活得好，一方面要努力工作，不斷學習和成長，另一方面要隨時把握生活中的喜悅。前者要從勤奮和負責中取得。後者則是從簡樸和興致中實現。大部分的人都只著眼於前者，而疏忽了後者。

努力工作是為了生活。但我們總是冷落生活，沒有好好的珍惜它，經營出它的美好和豐富。

現代人習慣於追逐，用急躁的心，踏著緊張的步伐，以致沒有興致去欣賞生活現實中的美。更無心去感恩上蒼的饋贈，心領生活中的歡喜。

蘇東坡所謂「耳得之而成聲，目遇之而成色，取之不盡，用之不竭，是造物者之無盡藏也」。我們似乎都喪失這個生活的寶藏，難怪大家都活得困頓貧窮，窮到連好好去體驗生命的美好，都被遺忘了。

我知道現代人生活忙碌的實況；工作壓力大，競爭劇烈，大家被沉重的負擔壓迫得透不過氣來。正因為如此，你一定要下定決心，用點心思學做生活達人，在現實生活中找出樂趣，撿回一些美好。

我認為美好的生活，是一段由繁而簡的過程，只要你肯捨棄一些不必要的顧慮，騰出一些心情和時間，去經營生活中的美好情感和樂趣，好好運用辛苦過後「放下」擔子的閒情，去啜飲生活中的美好，哪怕短短的時間，都能令你開朗，享有欣喜。

你一定要修剪生命樹上的雜亂枝葉，把煩惱、憂鬱、急切和多疑滌除，留一些心理生活空間，去享受家人的情愛，欣賞當下風光中的美好，歌詠和讚美自己的生活。千萬不要自怨自艾，而要知足常樂。

工作永遠做不完，如果不騰出時間和心情來讚美生活，創造喜樂，終究會悔恨自己的愚昧。我在臨終關懷中得到的啟示是：有人後悔為了工作忙得忘了好好生活，沒有人後悔沒花更多時間在工作上。

我不是教人放棄努力工作，而是透過簡單和素樸，讓生活有發揮的空間，再用雅興和童心創造喜樂，用幽然和樂觀沃壯精神。

我們在生活中越能保持單純，就越能以簡馭繁，越能安於素樸，就越能柔和自在。

其實，長期保持工作效率的人，都懂得簡單素樸，這使他們工作專注，態度坦率，生活平易而有風趣，從而發展出健康的人生。這些人無論在學術、企業、宗教、藝術、文學上都是佼佼者。他們不是硬幹，而是懂得軟實力。

對物慾的追逐和佔有，以及無止境的消費或浪費，是目前人類最大的敵人。大家迷信成長率，更使這個敵人發威。它帶來地球暖化，資源消耗快速，污染加重。

對地球而言，人類真有「取之盡錙銖，用之如泥沙」的不當態度，而大自然的反撲，已逐漸成形。人類若不及時改正這個錯誤，將會受到天譴，面臨大的災難。

大家一起來做個生活達人吧！簡單和素樸，不但能令個人活得歡喜自在，還能長保幸福和健康。至於拯救地球，更需要從簡單素樸的生活著手，這才能真心做到節能減炭，緩解浪費和消耗資源。

三 念頭

每個人都有自己的心念，並形成特有的思考模式。有些人比較樂觀，態度正向，遇到挫折或難題，能作積極的回應，解決問題的能力強。有些人則傾向悲觀，態度消極，遇到困難就沮喪憂鬱，想的都是負面的結果，不禁沮喪憂鬱起來。

個人的心思和念頭，所引發的感受和假想，都會影響健康和生活品質，乃至事業的成敗。

醫學教授迪帕克・喬布拉（Deepak Chopra）指出：生理與心理之間，無法畫出一條絕對的界線；人在回憶緊張事故的剎那，都和當時的緊張一樣，即刻反應出荷爾蒙的分泌。因此，沒有其他東西比心念更能控制人體。我們的細胞隨時因想法改變而改變；沮喪會破壞免疫系統，友愛可以使它回復；失望或絕望會增加心臟病和癌症的危險性，快樂和滿足則有益健康長壽。

佛陀的教誡之一是：萬法唯識。人生最根本的東西就是心念。它一旦起了變化，身體和行為就起了變化，接著際遇和命運就隨之改變。

因此，一個失業或怠惰的人，一旦心灰意懶，就會將沮喪、空虛和失落感，反應到身體的各部分，進而干擾神經傳導物質的分泌，從而影響思考、判斷和行為，並導引出負向情緒，甚至影響睡眠，衍生更多負面感受。反之，他若能保持信心，以正面的態度迎接挑戰，面對現實，做些新的嘗試，身體的生化反應就朝向健康的機轉。

我們往往是用正向的態度，導引出健康活躍的身體。用負向的態度，讓自己陷入低迷，進而陷於無助和衰敗。許多研究指出：人是在相信自己沒有希望時，才使自己崩盤；病人是在絕望時，生命才在疾病跟前束手就擒。老人是在承認衰老、而變得絕望和無奈時，身心才迅速的老化，乃至趨向死亡。老人活力降低，主要是因為他們預期會如此，不自覺地產生無助和沮喪的壓力，把自己完全給壓垮。

研究指出，乳癌細胞擴散最快的病人，是具有抑鬱性格特質的人。她們覺得沒有希望，從而產生害怕、憤怒、沮喪和悲抑。這類負向心理干擾生理癒合的現象，同樣發生在類風濕性關節炎、哮喘病及慢性病痛的患者身上。

在《妙法蓮華經》中，佛陀告訴大家要「著如來衣」，透過保護身心的健康，讓自在的身心活出法喜，並領悟出生命的究意義，引發開悟的心，從而達到正等正覺，並觸及菩提自性。然而佛陀所說的「如來衣」是指什麼呢？祂說「如來衣者柔和安忍心是」。人願意保持柔和安忍，不用急躁憤怒的態度生活，就不會積累成敵意和不耐煩的壓力，而導致大量消耗元氣，帶來身心的混亂和失調，造成身心的創傷。

安忍的人比較和平，受挫折時較少激怒和對立。他們的柔和使自己不致與人疏離，人際支持較多，較少孤立感和自我中心。他們較少焦慮和緊張的傷害。安忍不是硬把不如意事壓抑下來，而是懷抱著「你我一體同生」，於是跨越疏離和敵意，產生寬博的心胸。

寬博友愛的想法，帶來安和友愛的生活態度，心靈上顯得安祥、自由與和平，在生理上也就調和健康，生活得歡喜自在。

四 了解預感

預感可以成為信心的資糧，也可以成為忐忑不安的煩惱。正向的預感帶來希望和振作；負向的預感令人心生畏懼，甚至造成焦慮和憂鬱。

預感往往是過去的經驗和直覺。因此，有著豐富成功經驗或信心較好的人，容易作出正向預感。缺乏成功經驗或自卑者，則容易有負面預感。

預感是個人過去經驗、思考和情緒狀態，對未來的想像或直覺。它們有豐富的想像空間，並且與潛意識連結，形成信以為真的臆想。

對自己缺乏信心的人，常會出現負面的想像，從而衍生許多煩惱和心理負擔。信心充沛者，則發展成正向敏銳的預感或洞見。前者往往造成心理不安或焦慮，產生緊張或退縮；後者則促動其創造力，帶來解決問題或實踐的動力。負向的預感來自懼怕，正向的預感來自樂觀和面對真實。

曾經有一位男士，偕同少年的兒子來晤談。他劈頭就嘆一口氣說：「我流年厄運，日子過得倒楣透頂。」我聽他說明原委，逐漸了解到眼前這個人，正是預感自己倒楣的「歹命人」。

他說，他那少年的兒子，接二連三出了車禍。自己在職場上，也感到諸事不順。他有個預感：自己的住屋風水不好，諸事不吉利，必須搬離才好。於是，他很快就賣掉了它，搬到租來的新家。沒想到接著房價飆漲，現在卻買不起房子，當了無殼蝸牛，為此而更覺倒楣。

後來，我單獨與少年晤談，發現這位少年患有過動症（ADHD）。我建議這位男士要帶兒子去看醫生，而不是憑著負面的預感來行事。同時也提出以下建議：職場上不順心是難免的，要面對真實，耐心地解決，而不是靠著風水傳聞、率爾行事所能改變的。

當然，我們要重視預感，更要了解預感的本質。預感是在用心做事、觀察和思考中，大腦浮現出來的預見。

曾有幾次機會向行事穩健的企業家請教：「是否對自己的事業或新的投資有預感？」

他們會毫無疑問地回答：：「當然有好的預感，也有新的顧慮，不過最後會匯流在積極和信心上，成為實踐的意志力。」

有些人還會告訴我：「透過豐富的經驗，對眼前的現實所蒐集的資料，就會產生直覺和預感。計畫一旦形成，整個預感就會變得更正向，更有信心和意志力去實現它。」

我相信正向的預感，不是一廂情願往好處想，而是成功的經驗和現實激盪之下，所產生的直覺和創意。

至於負向的預感是什麼?那是一時衝動，它缺乏事實根據和經驗的直覺，所以它只能說是一時興起，而非經過一定心路歷程的直覺或領會。這種負面的預感，往往是自己慾望和情緒的投射，而非真心的預感。於是，人要避免盲目的投資、賭賭運氣的即興決定，這種盲目的行動，往往會讓自己陷於困境。

每個人都該珍惜正向的預感。不過，預感不會直接帶來成功，成功是採取適當行動的結果。然而，正向的預感不是平白來的，它是做積極的事，學該學的本事，在豐富的歷練中，所形成的眼光。

五 喜樂

人要生活得起勁，懂得珍惜雅興，在生活之中、在工作之餘，領受觸目遇緣的喜樂，創造溫馨的友愛，過充實的生活。因此，快樂的根源不在身外，而是在心內。

如果你一直等著有足夠的財富、地位和名望，才會快樂，那將永遠等不到快樂，因為有了財富、地位之後，你的煩惱可能更多，需要處理的「要務」也增加。因此，快樂不是追尋來的，更不是外在環境所決定的。快樂來自內心，全仗著自己對生活的態度。

我小時候家境清苦，但我看到母親總是喜樂的。在鄉下做農事，只要覓到野草莓或什麼野果子，就會開心地摘來分享，讚美箇中的滋味，順便欣賞田園的風光。她會一邊工作一邊輕哼著小調，跟她在一起，就會感染到那分喜樂。

她常常對我說：「孩子！要開心一點，眉頭不可深鎖；皺著眉頭，就看不到天公賜福，得不到福報。別怪這裡不好、那裡不好，嫌東嫌西，會忘了快樂。」

念國小五年級時，有一次我告訴她為班上同學相嫉感到煩惱。她告訴我：「那是生活中很平常的事，要自在些，過幾天就好了！你要做的事是讓自己開心和有信心的事。」

母親年過九十之後，仍然耳聰目明，仍然興致勃勃，送給她一點小零食，她會津津有味地品嚐；跟她談起往事，她會高興地憶往敍事。

她有空會到樓下公園散步，和老朋友悠閒地聊聊，心血來潮就在陽台上輕撫著小花，用極小的水皿滴灌花盆。

對她而言，一盆花真是一個大世界，一位老友是無量情感；在公園裡走一趟，好像旅遊世界名勝回來般豐收。她說：「你為什麼不自己開心，而要讓自己難過呢？」她說的對極了。

另一方面，人要活得快樂，必須有工作做，覺得自己有用、有價值和成就感。於是，你有事要做，而且是該做的事，那就不要推拖，劍及履及地把事情辦好，這能增加你的滿足感，感受到實踐的快樂。禪家把這事稱做直下承擔。

珍惜自己的工作，把它做好，不但會覺得滿足，同時也創造了生活資糧，因為工作和報酬讓你衣食無虞。工作帶來心理的滿足，也帶來經濟價值。

除了工作之外，個人在感情、人際和往來應酬的事，你要思量，如果蹉跎不做，會覺得心理不安，或者覺得難過，那就及時去做。這類事情，跟自己生活息息相關，是實現對親友的愛和支援所必要的。

人情世故是情緒生活的一部分，及時把握它，就會快樂歡喜。當然，你不是為了虛榮、討好和誇耀的動機，而是出於真實和友愛。

最後，珍惜自己拓展快樂的人，一定要戒除惡習。有礙健康的惡習，無論是生活作息不規律、不當的飲食、抽煙和用藥，乃至要求自己十全十美等，都應設法戒除。好的生活習慣和態度，能使自己快樂和健康。

在這世界上，你是自己最親密的親人，要懂得珍惜自己、愛護自己、安慰自己。這是快樂的人生之道，也是發展潛能、過幸福生活的妙方。

六 安住

學習安住自己的心，維持思考和情緒的穩定，能提升生活品質，締造豐足美好的人生。

生活在競爭和追逐的社會裡，壓力令人透不過氣來，心中的不安和憂慮揮之不去，焦慮和憂鬱的情緒，緊緊貼付在心頭。於是貧的人叫窮，富有的人也叫窮。因為心靈上總是空虛，得不到安心和滿足。

在職場上，有許多人一天工作超過十小時，有些人下班回家，還要國際連線，開視訊會議討論業務。他們休息不足，休閒和娛樂成為奢侈品。

有些人沒有穩定的工作，他們焦躁不安，有如熱鍋螞蟻。當然那些失業的人，壓力就更大了。壓力是每個人要面對的，不過壓力是否把人打垮，那就看個人對壓力的解釋。

一般而言，壓力發生的過程為：首先是覺知有了難題或挑戰，第二是自己對它的看法和解釋，第三是隨之而來的生理反應。

如果思考模式是樂觀的，就能保持正向思考，積極面對現實，克服困難。若是悲觀的思考模式，會產生更多負面或消極的解釋，構成更大的壓力。過大的壓力使生理受到傷害，從而弄得身心俱疲。因此，生活在忙碌多變的社會裡，要學習樂觀思考，才能應付裕如。

此外，保持心情安定，是忙中警覺清醒的關鍵。學習禪定、靜坐或冥思，能隆低緊張和焦慮，維持心智的清醒覺察，讓生活和工作的創意得以發揮。這是心靈富裕自在的妙方。

心理學家華勒斯（Keith Wallace）、班森（Herbert Benson）及賴斯（Terry

Lesh）的研究，證實這些效能。此外更有研究指出：禪坐和靜坐能促進經驗的開放、同理心的成長以及自我實現的開展。

樂觀安定的心智，有助於成功人生的實現，以及自在感的提升。

此外，人是否生活得幸福充實，感受到自在歡喜，與是否活出意義有關。禪家所謂「參透為何，才能迎接任何」，真是至理名言。人只有參透自己活下去的意義和理由，才能在波濤洶湧的人生中，安住己心，忍受考驗，發揮創意，成為生活的贏家。

每一個人都有自己的人生，有獨自要去完成的意義。歸納哲學、宗教和心理學的研究，總離不開慈悲（愛心）和智慧兩個核心價值。佛家稱為悲智雙運，儒家說仁智雙修，基督說博愛與知識，心理學家則稱它為愛智的實現。

人生的因緣際遇不同，但都得透過愛與智來實現，才能超越自我中心的偏狹，脫離我執的框架，仰望或參贊宇宙合一性（參見210頁〈祈願〉一文），而得到大自在和喜樂。

於是，人要領會「人生如旅」，懂得旅行不是想要購物或流連忘返，或者為些枝節的事抱怨動怒，而是用智慧和友愛，創造豐富和喜樂的旅途。

人當然也要領會「人生如戲」，認真演出自己的角色，實現愛與智的意義，當曲終人散時，放下戲袍和道具，安祥地回到合一性的家。

我們要學習安住自己的心，這才能讓愛心和智慧流露出來，實現生命的意義，締造幸福生活。

七 解壓

大多數的人每天都生活在壓力裡，適當的壓力，能帶來激勵，發展天賦和潛能，從而獲得成就，感受喜悅和振作。不過。當壓力大到某個程度時，就會對身心構成傷害，尤其是缺乏積極意義的壓力，例如：憂愁、憎恨和焦慮不安等負面心情，對身心的傷害尤大。

每一個人都有層出不窮的壓力事件，這是生活的本然。尤其生活在現代社會，除了工作競爭、人際紛擾和衝突之外，生活環境的窘迫、感情生活的不順心等等，都會給人帶來許多負擔。只要你活著，壓力事件總不能免。

個人對壓力事件的觀感和想法，是決定心情的關鍵因素。假如別人對你有了虧欠或不禮貌，你把它想成大逆不道、無法接受，就會咬牙切齒，甚至衝動地做出難以收拾的事情來，壓力就累積得更大了。

個人過去累積的嫌惡經驗越多，在生活中反映的負面情緒和想法也越多，一件事情就可能衍生出許多壓力。於是，負向觀感的人，比起正向看法的人，產生更多壓力。他們不但健康受損，免疫力差，老化也比別人快。

反觀有些工作沉重的人，他們生活樂觀，態度正向，觸動壓力荷爾蒙的情況少。因此，他們表現得穩健、從容和自在，在健康上也維持得好。

神經科學家喬治・意格（George Eagle）研究一六〇個不明死因的案例，其中百分之五十八發生在親人喪亡，百分之三十五發生在心理受脅迫，百分之六發生在愉快享樂時死去。壓力事件中，顯然以感情創傷引發的負面觀感最為嚴重。

曾經有一對夫妻一起來晤談說：先生常為一些小事大發雷霆，故意說出傷人的話。多年來太太則壓抑忍受。現在先生得了心臟病，太太卻得了乳癌，正在治療之中，他們很想化解生活中的壓力，所以來請求協助。

在晤談過程中，他們漸漸對壓力有所了解，對彼此的感情生活，有深入同理的認識。從而建立互相了解體恤、彼此尊重關懷，和珍惜負責的新態度。

有一次，在夫妻互動的話題中，我為他們解釋了心理學上的實驗：兩隻老鼠被綁在一起，一隻主動地照常行動吃睡，另一隻則被動地拖著走。不久研究人員發現，自由走動的一隻依舊健康，喪失自主的那隻變得病懨懨的。長期承受壓力的動物，免疫系統功能下降，容易生腫瘤，老化也較快。

另一個實驗是：剛出生的猴子，如果和母親隔離，失去親情的撫愛，會產生嚴重壓力，使牠發生方向感障礙，性格也變得內向，並致生學習障礙。

我進一步解釋：愛使生活豐富、溫馨和有意義；同時也是對抗壓力的神奇力量。在共同面對健康壓力事件中，愛使他們真心的結合在一起。幾次談話之後，他們對我說：「生了一場大病，讓我們從中學會恩愛，學會生活。」

愛不只是家庭婚姻的守護神，也是面對工作、人際和社會活動中的養料。

八 重生

人免不了做錯事，也避免不了創痛的襲擊。這些遺憾的事，很容易縈繞心頭，構成傷痛、焦慮和不安。你一定要放下它，才能重生。否則會帶來沉重的情緒壓力，影響身心健康，更會左右你的生涯和幸福。

因此，我們要學習放下，要懂得善忘的技巧，然後才有聰慧的心去善記、發展創意、開拓新機。

唐朝的趙州從諗禪師有一位在家弟子，有一天路過柏林禪寺，順道拜訪趙州，來不及帶任何伴手禮。見面時就說：「師父！我什麼也沒帶，眞是失禮。」

趙州看他誠惶誠恐，就告訴他說：「放下！放下！」

弟子更加拘謹地說：「我什麼也沒帶來，怎麼放下呢？」

趙州幽默地告訴他說：「那麼你就提著它囉！」

趙州的意思是：你不「放下」歉意的想法，歉意就會長久跟隨著你不放。人如果惦記著愧疚或不愉快的事情，就會產生壓力。每當某種情境喚起過去的記憶，就會產生如初的壓力，感受到當時的挫折和創痛。因此，我們必須在記取教訓之後，就要如如實實地放下，只有這樣，我們才不會被壓力擊垮，從而有清醒的思考和覺察力，去回應現實生活，解決問題，創造幸福。

有一次，一位即將結婚的女士來晤談。她說：「我有件事情感到非常的不安；幾年前我曾經有過男朋友，交往親密，論及婚嫁，後來因故沒有結婚。這件事情，最近引起我的顧忌和不安，一種罪惡感糾纏著我，好像我隱瞞著未婚夫，以致焦慮不安。」

我告訴她：「放下這些，往事莫回首，妳必須放下前塵往事才能重生。婚姻是人生過程中很特殊的經歷，必須放下舊記憶，以全新的心迎接新生活。放下過去，才能使精神獲得自由，重獲新生。」

過去的就要讓它過去。然而不少夫妻喜歡在結婚前後「坦白」，各自說過去的情史，進而以戒心了解情史，從而產生更多猜嫉，把婚姻置於緊張焦慮之中。

重溫過去的嫉恨情仇，回顧往日不堪的記憶，即刻產生壓力的反應，面對一件新的壓力事故，舊記憶中的壓力經驗即刻伴隨出現，形成更大的壓力。無論是在工作、情感、考試等壓力事件，都會帶著過去的舊經驗，形成更大的壓力。從而促動生理系統，由腎上腺分泌大量壓力荷爾蒙，以增強興奮效果，準備對抗來勢洶洶的危機。這不但帶來衝動、激怒和壓抑，令人無法冷靜思考和解決問題，更會傷害身心的健康。

於是，我們都該學習放下，不讓過去的壓力經驗，和現在的壓力事件起共伴效應。這樣就能理智地回應現實，心理負擔也就大大的減少。

我在心理晤談中，首要的工作之一，就是釐清過去的記憶，然後「放下」過去的懼怕和無助，清醒地面對當下。要放下舊壓力經驗，必需釐清事實，才能真正忘懷；要學習寬恕，才能誠心放下；要懷抱新的信心，才有勇氣振作。此外，放下亦可以透過禪坐冥思，或專注清淨地念著咒語，讓心靈進入安祥寧靜，從而放下種種塵勞的干擾。

放下不是要我們忘掉過去的經驗，而是了了分明地看清往日的壓力事件，認清它已然過去，眼前正是清醒面對現實的新機。

九 觀想

觀想一個安祥溫馨的意象，能夠帶來體內神經化學的變化，讓自己輕鬆下來，得到休憩和能量的補充。

觀想一個情急危險的意象，很快就會全身緊繃，心跳加快，心情慌亂。你不妨試試觀想自己陷入警匪槍戰的情境，即刻變得緊張，血壓上升，皮膚電阻下降，情緒不安明顯可見。如果你觀想一幕春和景明的風光，雲淡風清的綠野，自己就在樹蔭下、清澈小溪旁徜徉，你會感受到輕鬆、愉悅和悠閒。

因此，人若能在自己生活的現實中，發現它的美好或積極面，觀想它，就能使心境和智慧得到開啟，產生活力、創意和豐收。

我第一次學習觀想，是從一位長輩那兒學來的。那時我還是個不滿二十歲的小伙子，他邀我一起合夥做承包水果的生意。那一天，在給付定金給果農後，他邀我一起再把幾甲地的柑橘園瀏覽一次。

他開心地走著，欣賞果樹之美。山坡的青綠幽靜，他喃喃自語地撫愛呼喚果樹，讚嘆芳草的嫩媚，說這片果園是福地。不時還坐下來，好像要跟這塊土地結上最好的交情。

他說：「這是一片美好的果園、豐收的山谷，我們會在這裡工作得愉快，獲得豐收和福報。」

在回家的途中，我問：「剛剛你在祈禱嗎？」他說：「你怎麼說都可以，不過，我知道做生意的一點道理：未決定之前要多疑多慮，看得清楚；做了決定就要往好處想，才幹得起勁，創造更多利潤。」那一樁生意真的順利賺錢。這段往事，不但牢記心中，並深深地影響我。

觀察比較身陷心理困擾的人，以及幸福成功者之間的不同，最大的差異就是觀想習慣。前者偏向悲觀，凡事往壞處想，以致畏首畏尾，行動力萎縮，從而失去成功的信心，導致每況愈下，變得失志、憂鬱或焦慮。後者取向樂觀，他們慣於在生活中看出希望，孕育毅力和信心。更重要的是，這些正向的樂觀思考者，懂得調適身心的觀想。

調適身心是一種重要的修練，許多企業家、政治人物或運動員，都很擅長冥思的觀想。他們一旦要讓自己休息，就能安定放空，甚至進入清醒的無思狀態。養足了精神，孕育清醒的腦力和體力，去面對滾滾紛繁的事物。

有些人則藉助觀想安祥的意象，來培養心力。例如足球明星比利（Edison Arantes do Nascimento），就習慣在賽前躺在地板上，兩腳擱在椅子上，用一條毛巾當枕頭，另一條毛巾蓋著眼，醒臥回想在海灘上愉快度假的情景。他用觀想調理身心，孕育活力、專注和臨場的機智。

觀想的心靈活動，隨時都在進行，它是大腦的天職。但你要養成正向的觀想習慣，才能確保幸福和健康，乃至領悟生命的意義。

因此，佛陀把觀想視為智慧的表現，而且叮囑每個人要持續下去。西藏登山專家納旺甘布，在登上世界第一高峰聖母峰後，有人問他：「站在最高峰上，當時心裡想些什麼？」他微笑的說：「想著要怎麼才下得去。」

正確的觀想，永遠不能停，它即是生命的表現。

十

醒臥

睡眠好的人，一就寢很快呼呼大睡，真是幸福，羡煞人也。不過，從研究中發現，真正在睡眠上幸福的人不多，學習醒臥吧，保持安適輕鬆的身心，躺在床上休息，效果與睡眠相差不多。

醒臥是清醒愜意地就寢，以舒適自然的睡姿，保持放鬆，聆聽自己呼吸的聲音。告訴自己：「不強求睡著，安適躺著休息，明天一樣精神飽滿。」要對「睡不著」處之泰然，安之若素，同樣能夠達到很好的休息效果。

一般人被失眠所苦，是因為睡不著時，心裡著急、憂慮和氣憤，引來強烈的情緒，折磨了自己，也弄醒了自己。

許多人對睡不著懷著懼怕和擔憂，以為這會影響工作、健康、學習和精神力。再想著第二天有重要工作或考試之類的挑戰，更慌亂起來，以致不能闔眼入睡。這種慌亂和明天必是一場敗仗和擔心，就像深度自我催眠一般，把自己澈底擊潰。

於是，我在心靈晤談中，教給當事人醒臥的方法，並告訴他這個簡單的方法來自臥禪。臥禪的技巧，包括調身、調心和調息。調身是指每天要有適當的運動，至少有四十分鐘的快走或散步，睡前稍作暖身走動，讓筋骨伸展，躺下時要像家貓一般，悠閒無事的臥著，保持柔軟輕鬆。睡姿調適妥當，身體貼進被窩，安適地數息。以每一次呼吸為單元，從一數到十，再從十數到一，來回不斷數下去，不讓雜念混進來，邊數邊聆聽呼吸聲音。

心安定下來，專注也夠了，就開始隨息，把注意力放在呼吸進呼吸出，讓自己完全放鬆下來，保持悠然清醒的躺著。沒有入睡並不打緊，只要放空下來，醒臥對身心的恢復，以及精神力的調養，有著不可思議的效果。

現代人普遍生活在緊張忙碌的環境裡，精神壓力大，擔心煩惱的事多，往往在夜深人靜時變得紛繁、焦慮，進而引發失眠問題。研究指出十五歲以上的人，有三分之一的人有著輕重不同的失眠問題；甚至健康精神旺盛的人，面臨沉重壓力時，也不免躺在床上輾轉反側。

至於老人家，睡不好的情況，就更加普遍。他們本來就不易入睡，加上夜裡頻尿，更不容易安眠。因此，失眠者並不孤單，只要你保持醒臥，處之泰然，就不致陷入失眠的嚴重困擾。

失眠之所以折磨人，不是不能入睡，而是擔憂睡不著，結果造成嚴重挫折感和緊張。這個折磨使睡神遠離，隨之而來的是焦慮不安。此外，失眠者對自己所面對的現實環境，都有一定程度的不安和危機感，內外兩種壓力，使他們在身心上一蹶不振。

我觀察那些睡眠不起煩惱的人，詢問他們睡覺時的心情，其中最值得注意的是：「我不煩惱睡不著，靜靜的躺著就是睡覺。」我也拿這個問題問我九十高齡的母親，她說：「隨他去！睡不著是家常事，我只管放心躺著，讓身心輕柔地睡著。如果真的很清醒，那就專在醒臥中念佛。」

不要懼怕就寢時短暫的失眠。擔憂反而引發焦慮的情緒，造成真正失眠。研究指出：白天聚精會神的讀書或工作，適當的運動，就寢時放空醒臥，能讓自己幸福許多。

伍 靈修

信仰和靈修能使心靈生活得到安定的開啟，從而參透生命的為何，有勇氣迎接生活中的任何。從中活得有意義，活得安心自在，並與更高層的精神法界相契。透過正確的信仰和修持，人生才有幸福，生活和工作有更好的創意和信心，心情自然快樂和平安。正確的信仰是人生的軟實力。

一 信仰

宗教信仰能產生好的精神力。它不但對健康有幫助，對於生活中的種種挑戰，也能產生豐富的啟發性和毅力，去實現高貴的品格和法喜充滿的生活。

杜克大學的哈洛・克伊尼格（Harold G. Koenig）對信仰所產生的治療力量，做了許多深入的調查和研究。他說：「我詢問病人，是什麼幫助他們面對疾病，大多數的人都提到宗教。我發現宗教是讓我們覺得舒坦的根源，並從疾病中找到它們的意義和信心。」

邁阿密大學心理學教授麥可・馬克隆（Michael McCullough）研究發現，宗教對壽命有所影響。他綜合多種研究結果，更發現宗教參與率高的人，比參與率低的人，死亡率少了百分之三十。此外，諾曼・安德森（Norman B. Anderson）等人，綜合研究積極參與宗教的人，對健康的助益如次：

- 高血壓機率少了近百分之四十，較少罹患疾病。
- 對自己生活較滿意，情緒較好，感受的壓力較低。
- 能增進免疫系統功能，花較少時間待在醫院。
- 感知社會支持率較高，生活品質較好。
- 有較多正向的健康行為，而抽煙、酗酒、使用禁藥等的機率較少，運動機率較高，戒煙的機率也較高等等。

宗教的信仰，提供一套和諧的生活態度，並讓當事人了解世界和人生。從而發展調適的良好態度，領悟生命的意義。正因如此，他們較能詮釋正向或負向事件，對之產生同化作用。無論碰到困難或挑戰，乃至死亡的威脅，他們的認知基模（schemas），較能同化它，理解出一個新的詮釋或意義，從而穩定心境和情緒。

虔誠的信仰，對於應付危機和困難，具有詩篇一般的心靈情操。二次世界大戰期間，麥克阿瑟將軍（Douglas MacArthur）開始其光復菲律賓行動時，艱困地登陸灘頭，對方的槍彈，不斷左右呼嘯。他沿著海灘安步當車，子彈和迫擊砲的彈片，就在他身邊掀起沙塵。他的座機駕駛員問道：「你不害怕嗎？將軍。」他止步一下，並以嚴肅的表情說：「不怕！上帝給了我一個使命去完成。在未完成之前，祂是不會把我召走的。」

宗教給許多人信心、希望和勇氣，同時也為他們帶來智慧和崇高的理念，誠如《華嚴經》中所說的：

信為道元功德母，增長一切諸善法，

除滅一切諸疑惑，示現開發無上道。

《大智度論》中亦說：

佛法大海，信為能入。

禪宗三祖僧璨大師說：

信心不二，不二信心，
言語道斷，非去來今。

透過虔誠的宗教信仰，我們有了依靠和安穩。透過信、願、行的實踐，我們領悟永恆的真理，並發現生命的意義和自在感。它不是從認知中得來，而是虔誠去信仰和行動，才見真章。

二　簡樸

生活在這個競爭激烈、變遷快速的社會，人人都希望有好的創意，去拓展前途、開展事業和爭取幸福。

這是一個重視創意的時代，同時也是追逐和競爭的時代。大家爭相追逐，爾虞我詐，紛繁複雜的心，卻壓抑了創意和歡喜的天性，更失去了幸福和自在的生活。

人們的生活創意，來自清淨敏悟的心。心理學研究指出，創意是在努力工作、研究和思考之後，透過清淨心境的孕育，自然流露出來的。

然而，清淨的心境，卻來自簡樸的美德。簡單的生活，即帶來安寧的心，從而孕育敏銳的智慧。俗語說：「以簡馭繁。」正是這個意思。素樸的心志，不被貪慾和野心拖著走，即產生穎悟的心智，化作渾圓的心力。

我們可以忙碌，但不能變得紛繁，這會壓抑創意，貶損心情和生活品質。我們可以努力工作，但不能成為它的奴隸。

唐朝百丈懷海禪師說：「對五欲八風，不被見聞覺知所縛，不被諸境所惑，自然具足神通妙用。」

所以，面對這個快速變化、充滿競爭氣氛的數位化時代，更需要培養簡樸的生活態度。

現代人的心靈生活真是乾渴極了。有些人忙了一整天，晚上要應酬，有點空閒還要找個燈紅酒綠的地方消遣、發洩。自己的靈性一直被紛繁所牽繫，作繭自縛，得不到心曠神怡的清靜和妙樂。沉重的焦慮感，更令自己不適，再用種種物慾來填補或麻醉，使心靈負擔過重，負面情緒增加，造成身心健康嚴重受創。

誠如心理學家諾曼・安德森所說：「負面情緒和疾病的發展、產生和復原有關。尤其心臟病是工業國家國民的頭號殺手，它顯然與負面情緒和壓力有關。」他更指出憂鬱可以增加二到四倍心臟病風險，焦慮是二至七倍，生氣和敵意則是七倍。過重的壓力是健康的殺手。

現代人普遍不重視簡樸的生活，不知「以簡馭繁」的妙用。人的身心不怕忙，卻很怕心煩；如果能在生活上，培養簡單、素樸和恬淡，就能使心情安定。這不但有益健康，更有益於創意的開展，能大大提高職場的適應力。因此，簡樸是現代人適應新環境的良方。

此外，要在心靈生活上，開闢一個陶淵明式的田園，它就像安全的避風港一樣，把生活之船駛進灣裡，在那兒要像禪家所謂：「不被一切善惡垢淨、有為世間福智拘繫，即名佛慧。是非好醜，是理非理，諸知見情盡，不能繫縛，處處自在，名為初發心菩薩，便登佛地。」

你能用佛慧在佛地中逍遙一會兒，給自己一點涵養心靈的時間，把這當做心靈修養的功夫，自然身心調適，思路清楚，創意敏銳，更能適應紛繁的職場。

生活在這個壓力和追逐的時代，大環境如此，要想自外於它並不容易。所以，要先把休息和養心的時間空出來，讓自己有足夠的休息和心靈修持，才能孕育充沛的精神力，去迎接更多挑戰。更要讓生活過得簡樸，減少精神浪費，並從中陶冶敏銳和穎悟，開展幸福、法喜和自在感。

三 悠閒

悠閒是騰出來的，也是自心流露出來的美德，透過悠閒的心情，能產生靈修的效果，增進身心的健康。

勤奮工作的人，要記得抽出時間散步；提醒自己放鬆，保持心境的悠閒；把原來急忙焦灼的情緒，轉換成怡然自得和安寧歡喜。放開步伐散步，用欣賞的心情聽聞，以超然的局外人，去看待周遭的一切。這才能領受上蒼恩賜的悠閒。

悠閒地走走，能讓你的腦子產生內在的調適和學習，帶來清醒和創意的思考，又能緩解生活壓力，調節交感神經過度興奮所帶來的負作用。散步一直是許多名人練氣養心的方法，哲學家康德、科學家愛因斯坦、小說家狄更斯等等，都是散步的愛好者。

散步時很容易領受到上蒼的恩賜，因為散步令人冷靜，忘情於細微景緻，會有清新舒暢的情懷。只有這個悠閒者，才能懷抱金色的陽光，品觸細細的雨或者車水馬龍的絢爛街景，契會萬物靜觀時的美好，無疑就是擁抱如來的恩賜。

唐朝的藥山惟嚴禪師，有一夜登山悠閒地散步，忽然看到雲開月現，他歡喜地大笑起來，附近幾十里，都聽到他的笑聲。第二天大家互相詢問，是誰笑得那麼悅耳開心，後來朗州刺史李翱贈詩說：

選得幽居愜野情，
終年無送亦無迎，
有時直上孤峰頂，

月下披雲笑一聲。

禪家講究的是心居，所住的幽居就是心宅，它必須是安定悠閒，要法喜充滿，要拿得起放得下，做過之後要揮灑得開。只有這樣，才能保持生命的活力，實踐菩薩道，並在無情染和煩惱中展現活潑的慧性。

禪者靈雲志勤有一天在努力讀頌修持之後，見到春天和桃花而領悟到這個如來法性的妙美。他後來寫道：

自從一見桃花後，

直至今日更不疑。

這種心境的開啟，讓自己接觸到更深層次的智慧。

現代人忙得過份，我知道許多人每天工作超過十小時，甚至到了午夜還不得休息。我不反對階段性的忙碌，但不能長此以往地忙下去，否則就會辜負如來法界的恩賜。覓得一點時間，讓自己有機會養心，去接觸生命的真諦才對。

宋朝的善能禪師也指出：生命之中，有和空是相調和的。他闡釋「萬古長空，一朝風月」的禪理說：「不可以一朝風月，昧卻萬古長空；不可以萬古長空，不明一朝風月。且道如何是一朝風月？人皆畏炎熱，我愛夏日長，薰風自南來，殿閣生微涼，會與不會，切忌承當。」現代人更需記得：繁忙的生活薰風之中，必須保持心宅殿閣的微涼。只有這樣，你才能玩味「秋來黃葉落，春至草自香」的美好恩賜。

我喜歡在日常生活中，抽出時間來散步禪行，無論是午後或晨昏時刻，只需三十分鐘就能寧靜下來，對眼前景物，有著鮮活美好之感。這時，自然打開了平凡塵勞的心扉，迎向無障無礙的自在，領受豐富的額外恩賜。

四 排遣

每一個人在生命歷程中，都會經歷嚴厲的挑戰，無論在事業、家庭、感情或人際上，不免碰到危機和大難題，帶來極大的情緒困擾。如果懂得心理急救，緩解情緒惡化，就能穩住陣腳，化危機為轉機，走向光明的康莊大道。

無論你遭遇的困難有多嚴重，事情總會過去的，所以要控制情緒，保持理性的思考，避免失控和自暴自棄的消極行動，找出一條穩住自己的路。這就能看出轉機，尋得新的創意和希望。

危機當頭，一定要設法抵抗焦慮、無助和情感低落的危險。進而保持心理的平靜，讓自己產生正確判斷的直覺和思考，找到應付困難和創意的方法。

挫敗和艱困背後的危機是情緒失控，繼而造成思考混亂，進退失序，以致全盤皆輸。因此，應付挫敗的關鍵，就是冷靜下來，保持肌肉放鬆，混亂的思緒很快就會消褪。

心理學家威廉・詹姆斯最早發現「用行動控制情緒」的技巧。他說，你所做的正好決定你的感受和情緒，你向對方揮了一拳，你會更憤怒；你哭泣，所以更傷心，你逃避它，所以更擔心害怕。

心理學家從實際經驗中得到教訓：當你遇到大的危機時，要保持冷靜，讓全身肌肉放鬆，去做點運動或自己感興趣的事，混亂的情緒徵狀，很快就會消褪下來。以下幾個要領，是你克服危機的心理技巧：

- 做點運動或深度穩定的呼吸，讓全身肌肉放鬆，放鬆肌肉，能夠改弦易張，產生全新的正向思考。
- 改想別的事；例如讀一篇勵志的文章，看一本宗教的書，啟發性靈的智慧，這不但能令你冷靜，更能引發正確的認知和思考。

- 情緒低落或沮喪時，要勉勵自己作息正常，態度正向，所想的也就具有建設性。
- 不可誇大損失和渲染負面的情緒，你說的和想的內容，負面的越多，對自己的信心打擊就越大。自憫自憐只會讓你懦弱，不會使你變得堅強。
- 不要把挫敗歸咎於你的能力，這會打擊信心，讓自己更虛弱，而是要著眼於時局因緣，把事情看清楚，面對現實，負起責任。

人的危機感是想像出來的，你越往消極面去想，就越陷入悲傷、不安和無助，你若腳踏實地，看清現實，就會步步為營，往積極的方向發展。禪宗有一則有趣的公案：

慧可有一天問達摩說：「我的心不安，請師父替我安心。」

達摩回答說：「請把不安的心拿出來，我替你安。」

慧可說：「現在我找不到不安的心。」

達摩說：「好，現在我已把你的心安好了。」

這是禪宗的第一次傳燈，它的精義就在於你怎麼想，就會怎麼行動，並產生心理的感受。

人一旦有了誇大的困擾和危機的行動和想法，想從中逃避某些責任或搏得同情，就會陷入危機的淵藪，像漩渦一樣越捲越大，把自己的健康、前途和幸福，全部葬送進去。這個真理，是每一個人都應該了解、隨時謹記在心中的事。

五

散步

每天抽出一點點時間，忙裡偷閒，去散散步，對於調養身心幫助殊大。散步就是隨興走走，把手邊的事放下來，把掛心的事暫時擺到一邊，閒適地走走，專心欣賞周邊的景物，快慢隨興，半個小時就能領受箇中妙趣。

你可以在午飯後，走出辦公室，讓陽光溫暖你的心神，讓室外的空氣洗滌煩惱塵勞。散步的肢體活動，讓你身心頓時舒暢，更能讓神經系統獲得新的平衡。下午時間，你會有更好的體力和清醒的思考。尤其是稍作散步之後，留個二十分鐘小寐，真是養心益神的良方。

散步是最方便有力的練氣運動，氧氣可以充分輸送到皮膚、肌肉，促進精神力和體能；既能提高呼吸系統效率，又能養顏美容。散步可以促進思考，增加創意，更能保持情緒生活的穩定。散步能令你精神煥發，身體硬朗，免疫力增加。

諸多研究指出：散步能預防心臟血管疾病，有效控制體重和食慾的平衡，更能減緩衰老，延長壽命。

散步能緩解緊張，減少憂鬱和焦慮，使頭腦清醒，判斷正確。散步使神經傳導，產生安寧、鎮定和愉悅的心境。如果你能保持賞心悅目的心情，去欣賞途中的景物，在觸目遇緣中，領受喜樂和即興的啟發，則有取之不盡用之不竭的養心效果。

我喜歡選擇早晨，在台北的郊山散步。放晴時的起伏山巒，令人心朗脾開；雲靄籠罩之際，則有混沌忘我的定境。細細聽視周遭景物，無論是綠葉紅花，或者清風吹蕩；是蟲鳥爭鳴，或清靜沉寂，都能令我豐收。我常在步行之中，感受到身心頓時舒暢，精神為之振作。散步回來，可以歡喜愉悅、神清氣朗地工作。

一天勤奮的工作，簡單用過晚餐，我會陪同秀真在附近公園散步。我們輕鬆自在的走著，時而看著花木扶疏的靜影，時而仰望夜空中的星斗，輕聲愉悅的談話，伴著散步節拍，令人心靜神怡。

每個週末，我們還有較長時間的步行，我所謂的步行，是指走較長的路，我們會背上背包，帶足飲水和少許食物，這是稍微耗體力的長走。原則上要兩三個小時，與親朋好友一起登山，找個視野好的地方，在那兒煮水烹茶，談天說地，然後歡喜賦歸。

散步或步行，是練氣和調養身心的簡便方法。行之多年，覺得它就像禪家所說的行禪，透過專注的步行，可以讓人俗情盡忘，清淨心智自然浮現，腦力的運用亦較佳。

散步需要日積月累，持之有恆，養成習慣，才能對身心產生厚實的增益。正確的一次散步固然有即刻的效果，諸如身心輕鬆、紓解壓力和緊張等等，但要做到促進健康、增進免疫力、克服焦慮和憂鬱等負面情緒，則需養成習慣，長期經營。

人類的身心需透過運動來保持健康，散步是最簡單方便的運動。你願意天天散步運動，生命力自然強固，身心協調效能隨之提高，精神生活也變得愉快豐足。

六　祈願

在這宇宙萬象中，都存在著如來法性，這就是所謂的合一性（oneness）。簡言之，在生活的萬象之中，共享合一心智，心靈深處那個純淨的我，不是彼此孤立的，而是整個宇宙心的一部分，在佛法上將它叫如來法性。

當我們面對困窘、危難、重創或疾病的時候，透過虔誠的祈願，讓自性中的力量，與如來法性相契，經由信仰的應感，令我們產生力量。

誠如心理學家威廉・詹姆斯所說：「宗教的信仰者，在禱告時有著一種力量進入，並產生心理的和物質的效果。」

祈願不是對如來法性下指令，或索求物慾，而是與這個智慧、光明和慈悲的力量交流。讓如來法性引導我們，走向光明，走向平衡、自在和平安。因此，祈願是修持上的一門功課，為眾生祈願，為父母子女祈願。星雲大師要大家多念《佛光祈願文》，正是這個道理。

我年輕時，初學佛是為母親的健康祈願，這真的靈驗了。稍長我為了半工半讀的艱辛祈願，真的有效，我克服了許多困難，順利完成學業，人生路走得平穩踏實。

現在我經常為別人祈願，總能看到它的效果，尤其在心理晤談時，一有必要，會契機應緣的祈願，讓當事人得到全新的開解。

談到祈願或祈禱的力量，藍道夫・拜爾德（Randolph Byrd）曾在一九八八年做過一個研究，他在舊金山醫院心臟科，隨機選取一九二位病患，作為全美家庭祈禱會的祈禱目標，另外二〇一位病患則不在此列。病患、醫師、護士和家屬，都不知道哪一位病人接受祈禱。

家庭祈禱會的成員，僅被告知病患的名字及基本病況，不論以何種方式，每日為病人祈禱。每位病患一天平均會有五至八人，在全國各地為他祈禱。當然，他們還是繼續接受治療。

十個月下來，受祈禱組的病人需求抗生素治療的機率下降五倍，病況惡化的機率減少三倍，當中沒有人藉助生命輔助器維繫生命。

在這個研究裡，病人不知道自己接受禱告，顯示著宇宙心的神奇力量。至於透過宗教的啟發，產生的祈願和力量，那就更容易被了解了。

杜克大學的哈洛・克伊尼格教授指出：「當我詢問病人，是什麼幫助他們面對疾病時，我非常驚訝地發現，大多數的人都提到宗教。那時我發現宗教是讓人覺得舒坦的根源。原來有這麼多人，藉由宗教信仰，來幫助他們面對疾病，並且從疾病中，找到意義。」

在他的著作《信仰的治療力量》（*Is religion good for your health?*）中提到：近三十年的研究，高頻率宗教參與者比低宗教參與者的死亡率約少了百分之三十六。此外，高宗教參與率的人，情緒較好，壓力較低，免疫力也較好，較少時間住院，有較多正向的健康行為和社會支持。

透過禱告和祈願產生神奇的力量。除此之外，宗教更提供了一套穩定平衡的生活模式，讓我們理解世界，同化我們無法接受的疾病和重創，產生新的智慧或認知基模，來幫助我們面對困難和災難。

七 法喜人生

透過信仰和正確的靈修，能使精神生活充實，身心健康，更能令人離苦得樂，充滿法喜。

每年農曆十二月八日，是佛陀成道紀念日。二千五百多年前，祂在菩提樹下，成正等正覺。由於祂的開悟證道，給了生命世界一盞光明的燈，指引人生的究竟，看出亮麗的希望。祂教導我們，把煩惱轉化為法喜，將痛苦轉化為幸福。

為了紀念這個偉大的日子，佛寺舉辦隆重的法事，由於時屆臘月，故又稱為臘八節。這一天佛寺煮著五味七寶的臘八粥，供民眾食用；一則感受溫暖豐足，一則體會佛陀在精神生活上，所賜予的智慧和溫馨。臘八粥溫暖了脾胃身心，也給予性靈生活的智慧。粥中的五味七寶，象徵著五蘊身（即人生）的幸福法喜，以及轉化成七菩提的光明智慧。

每年我都有機會品嚐到臘八粥，佛光山大慈佛社總不忘送我幾碗熱騰騰的好粥。臘八粥具有豐富的象徵意義。捧著它啜飲時，便想著佛陀在菩提樹下成正等正覺，入於不思議三昧，所傳授五蘊人生的真實意義。這時自己的人生、周遭景物，無論是山河大地、花草樹木、城垣房舍，乃至一切有情生命及活動，都變得那麼地美好莊嚴，光明亮麗，彌足珍惜。這在《華嚴經・世主妙嚴品》中，有著詳細的敍述。也就是說，當我們能對人生的究竟義有所覺悟時，就會法喜充滿，在生活的法緣中，看出莊嚴的喜樂。

覺悟的人懂得接納自己的現實和因緣，精進光明地實現其人生，發展慈悲喜捨，利益自己和別人。他懂得在自己的現實中活出法喜，活得有智慧，並成為光明實存的一部分。

我們要從吃粥中領悟：無論因緣際遇如何，都要用正向的態度去欣賞、去品味，看出它的莊嚴和美好，而不是陷在負面情緒，衍生敵意、憤怒、貪執和嫉妒。

要用臘八粥帶來的溫暖，努力實現人生。更要用五味七寶的香與味，去欣賞和創造法喜。無論是貴是賤，是富是貧，是順是逆，是窮是通，都要用平等的心，去欣賞、品啜，在當下創造善行和法喜，欣賞短暫生命的悅樂和自在。

人生像一趟旅行，無論路途多麼崎嶇顛簸，風雨寒暑，都得在刻苦中，不忘欣賞旅途之美，否則就白來一趟。

人生如戲，無論你演什麼角色，是員外也好，是小丑也好，是國王也罷，是悲劇英雄也罷。你得把角色演得精采，演得高妙無障礙。戲終人散，撫掌大笑，放下戲碼、道具，回到本來自在的極樂淨土，契入「不生不滅，不一不異，不來不去，不常不斷」的真如。這就是啜引臘八粥時，直滲肺腑的領悟。

寒冷的冬天，就像人生的冷酷錘煉，捧著臘八粥，遵行佛成道所賜的法味和智慧。就能勉勵自己，努力創造人生的幸福，分享給周邊的人，並欣賞人生路途中的無量法喜。

其實，世間法和出世間法是分不開的（不二），只要你努力創造人生，把五蘊化作菩薩行就是五味。把七菩提分化為覺悟和實現即是七寶。它們就是擇法覺、精進覺、輕安覺、喜覺、念覺，定覺和捨覺。能如是則人生的智慧得到開啟，而成就大自在和覺悟。

一碗臘八粥能驅除心中的寒意，溫暖自性中的智慧。啜飲它時，就要同時領受佛恩，實際去欣賞生命中的香美和溫馨，並看出生命的美好和希望。這樣說來，我們不是只有臘八這一天才吃法味俱足的香粥，而是每天都要啜飲佛陀的法粥，增強自己的身心和智慧，開啟法喜無盡和法身無量的人生。這才是臘八粥和真心法喜。

八 宇宙心

人若能與宇宙交會，是一件很愉快的事。生命是脆弱的，生存的過程是艱辛的，人不免碰到許多挑戰、困境和創傷。當我們遇上艱困時，當然要冷靜的思考解決問題，但仍然需要虔心的祈願。祈願令你接觸到宇宙心，透過合一性的力量，引發內在的慧性，提升自己的心力。

然而，在此並非鼓勵人待在家裡祈願，來代替步步踏實的行動，用祈求取代理性和實踐；而是透過虔誠的祈願，讓自己更能創造奇蹟，更能實現菩薩大願的人生。我了解許多有成就的人，都有祈願或祈禱的習慣。

祈願有時為了自己，有時為了家人；有時為了國家社會，有時為了一切有情眾生。透過虔心的祈願，發展自性般若，開展慈悲喜捨的佛性。

星雲大師把自己的祈願，寫成《佛光祈願文》一書，他在序言中說：「早晚各誦一篇，藉以自我昇華信心，增進慈悲道德，能和諸佛菩薩交流。」

臨床醫學和心理學教授保羅・皮爾索，自己就是從癌症中奇蹟療癒的創造者。他歸納有關祈禱的研究指出：

- 由於每個人都是合一性的一部分，每個人均具有神性，並具祈願的力量，它不是少數人的專利。
- 祈願確實深具效果，不但對自己產生力量，為別人祈願乃至為植物，都會產生效果。
- 在危機時候，祈願效力至為關鍵，祈禱次數愈多，功效也愈大。如果清楚為誰祈願，功效更為卓著。
- 以與眾人合一的心智，進行認知、意識和思考，並向合一性的終極來源進行祈願，效果尤好。

我親自體驗和閱讀有關祈願的文獻，漸漸了解到虔誠的正向祈禱，能令我們與如來法性接觸。在祈禱的過程中，我們正向的意識，伴隨著合一性的力量，流入生活場域裡，形成創造奇蹟的智慧。我們和宇宙心交流時，才知道原來自己是合一性的一部分，這正是《妙法蓮華經》所說：我們直接體驗到自己即是佛子。這時一種清淨的能量，流入生活之中，同時也有深度的生命領悟，因而變得寬心自在，變得有智慧、有活力和療癒力。

唐朝的長慶禪師在領悟到合一性時，完全明白自己原來生活在佛的本懷，哪需要在枝節上分辨計較，受困於煩惱、障礙和傷痛之中。於是寫下這首令人振聾起聵的詩：

萬象之中獨露身，

唯人自肯乃方親；
昔時謬向途中覓，
今日看來火裡冰。

人的痛苦和煩惱，乃至重創和疾病，都是因為自己捨本逐末，脫離了合一性、光明性的加持力。如今透過祈願和虔誠的信仰，又找到接收光明性的方位，生命又變得有創意和活潑起來。所以虔心祈願的力量，真是殊勝奇特。

虔心的祈願，與如來法性或一體性相應，使自己不再孤立、自私和無助。這時，你會領悟到慧命，接觸到世出世間不二的真理。你會完全了解，「樸落非他物，縱橫不是塵，山河及大地，全露法王身」的真諦。一個虔誠合宜的祈願，不但能引發創造生命的奇蹟，更能開啟心靈的覺悟。

九 慧命

每一個生命，都是如來法性的一分子，都具足光明的法性。每個人因緣際遇不同，有著造化的差異，但都能在愛與智慧的力量中，實現其唯一獨特的生命光彩，並發現如來自性，找到永生的慧命和自在感。

每個人對生命所抱持的信念，決定其生活的品質。對生命的究竟義有所領悟的人，生活就顯得喜樂、達觀和自在，並有著豐富之感，體驗到永生的希望和幸福。因為他們已看清了生命的光明面和究竟義，了然於心，活得法喜充滿。

人的心靈生活，必然從生命的現實，延伸到死亡之後，還能繼續存在。只有這樣才不會落空。因此，這個現實的世界，如果不歸屬於永恆的世界，就會缺乏歸屬感，形成無根的、漂泊的茫然。這時或有人說，生命既然歸屬永生，那就一心追尋永生吧。這樣的偏見，只會忽視現實，生活和生命又將受到傷害，甚至造成痛苦和窘困。

於是佛陀指出：生命就是永恆法性的一部分。但每一個生命都必須保持覺性，用智慧去覺照生活，去實現法喜，並接觸到光明的如來法性。

於是，他用「拈花微笑」來傳承這個生命的智慧。每一個人都像一朵花，都應該開展得圓滿美好，都能自得其樂。但最後要回歸到如來法性的懷抱，而不是迷失在情染和執著的濁流之中。這就是所謂的「澄濁入涅槃，解脫入圓通」。

康乃狄克大學心理學家坎尼士・林格（Kenneth Ring），從事死亡經驗的研究二十多年，搜集成千上萬有過瀕死經驗（near death experience）者的經驗，對生與死作了深入的研究。他發現這些人有著共同的瀕死經驗，例如：

脫體、與已故的親人溝通、見到光的存在體等。雖然每個人的內容互異，但都感受到安適和極樂；使人渴望留在那裡。

這些人在回陽之後，都對自己返回人間，起了積極的作用。他們相信自己面對的，是至高無上充滿慈悲的力量。瀕死經驗使他們深信生命的可貴，洞悉不應該故意結束生命。同時也開展了高度的生活智慧。提升自我價值，而積極關懷別人，孕育了利他使命，進入大我的境界。

因此，林格指出：顯然人的生命，並非只為現實生命而活，應包含為另一個永恆存在的本體世界。這兩個世界並非不相干，而是相互隸屬。現在，我們就更能了解二十世紀美國心理學家和哲學家威廉・詹姆斯在研究種種宗教經驗後指出：「有形的世界是精神世界的一部分，前者從後者取得它的主要意義，它的根源是愛與智慧。人與更高層的精神世界會合，是人生的真正目的。」

林格更指出：在禪宗的傳承中，特別重視精神開悟的階段。有一幅禪畫，畫著白色的空心圓，代表著圓融合一，以及萬物皆入於空性的本然。另一幅禪畫則出心智已經開發，由高高的山頂下來，走進村莊，用賜福於人的手，與人打成一片，施予關懷。

看清永生慧命的究竟義，便知道要珍惜生命，要用悲智的德行和開悟的心，去愛護眾生，化度有情，去過實現法喜的人生。

十 參悟

透過文學來參悟人生，很容易得到啟發，把宗教的經典當文學來讀，會有更多人生的契悟。

我喜歡文學，經常從名著中領悟生命的意義，對生死大事有所參契。皇皇鉅構的長篇，需要慢功細活的揣摹。精采的詩詞或短篇，會有猛然覺悟的感受。中篇的名著，則有溫婉的故事，引發難以忘懷的省思。因此，我喜歡在空檔時間，閱讀文學名著，尤其是唐詩和宋詞，更是我就寢之前，燈下小讀的心靈點心。

文學很像心靈生活的一扇明窗，透過人物、情節和義理、旁白，容易滲入肺腑，引起共鳴和啟發。尤其在生命意義和生死大事上，閱讀時會有身歷其境之感。這時最能心領神會，當下看出新的視野。

我在學佛的歷程中，最愛閱讀大藏，常常用文學的眼光，去品味經藏的內容，漸漸發現佛經都具豐富的文學妙趣。於是我用文學欣賞和共鳴來讀它。例如：《華嚴經》、《觀無量壽經》、《妙法蓮華經》等等，都具一等的文學素質，但最有趣的是阿含藏中的經典，文學味兒更濃，例如《百喻經》、《法句譬喻經》等，用了許多生動的故事或比喻，來傳述生活的智慧、生命的究竟義。

用文學的眼光來欣賞，會有很深的領會，例如《百喻經》中的「殺死領路人」是這樣說的：

從前有一批商人，要到遠方做生意，必須經過沙漠，越過高山，遠渡重洋。因爲怕迷失，就請一位熟悉路途的人當嚮導。有一天他們來到曠野，環境險惡，依當地迷信的風俗，必須殺一個人祭祀，才能保平安。這批商人都是彼此熟悉的自己人，商量結果，決定殺嚮導當祭品。結果，這批商人因爲沒有嚮導，陷入前途茫茫、後退無路的困境，最後都困死在曠野裡。

佛用這個故事來比喻正確信仰及生命意義的重要。他指出生活中的種種慾望、追求和財富，在平常生活中有其重要性，但在生死大事上，卻變得不重要。我們要為生活造福，但卻不能對生死大事不了解。

在文學中，無論中外古今，討論人間事理和生死大事，總是作品的主軸。試看古典小說《三國演義》，讀完之後只要看看作者羅貫中的序言，就可一目了然。他說：

滾滾長江東逝水，浪花淘盡英雄，

是非成敗轉頭空，
青山依舊在，幾度夕陽紅。
白髮漁樵江渚上，慣看秋月春風，
一壺濁酒喜相逢，
古今多少事，盡付笑談中。

讀到這裡，你對生死大事，也該有所領會拿捏吧！

如果你欣賞《紅樓夢》，亦會從中看到生命啟示，多年前，我跟恩師胡秉正教授討論到這本文學鉅著時，他指出，就生死大事而言，這本書是可以當佛學來讀，可以看出生命的另一扇窗來。

在西洋文學作品中，我喜歡托爾斯泰（Leo Tolstoy）的中篇作品，其對生死大事的指陳，尤其活潑。

〈一個人需要多少土地〉中的主角帕洪，在致富之後，還是千辛萬苦追求土地和財富，但最後卻在拚命爭奪一塊遼闊土地的過程中，才剛贏到手，就累的氣絕現場。他的僕人把他埋在現場的土丘上，並用尺量了一下，帕洪葬身之地只需六尺長而已。

最發人深省的是〈追求幸福的伊里亞斯〉。托爾斯泰活靈活現地描述伊里亞斯夫婦的興衰史。他們興旺時富可敵國，與王公貴人交往，是遠近所稱羨的人，大家都說他們是最幸福的人。不過，隨著天災人禍，他們變得一貧如洗。夫妻淪為人家的長工和傭人。他們就在這時候領會到生命的真諦，覓得真正快樂和幸福。

有人問他們：「怎麼看待自己的不幸？」伊里亞斯說：「有半個世紀，我們一直在追求幸福，但卻不曾得到。現在被僱為勞工，卻找到了幸福。過去我們為了經營財富、接待王公貴人、照料牲口和管理工人等事費心苦惱。每天在利益上計較，在送往迎來中勞神，意見不同時就吵了起來。現在我們只是人家的工人，有工作做，有食物溫飽，只要努力工作，替主人著想就行。

我們一早起床，會互相噓寒問暖，有時間禱告。真的！現在才找到幸福。」聽的人都笑了起來。

伊里亞斯嚴肅的說：「請不要笑，朋友們！這不是開玩笑，而是生命的真理。起初我們也很愚蠢，為失去財富而流淚。但上蒼讓我們明白了生命的真理。我說出這件事，是為了你們好。」

文學之中潛藏著許多生活智慧，能為你我點亮生死大事的明燈，建議你有空時，讀點文學，總會令人豁然開朗，看出生命的光明面和究竟義。